KB022659

이욱연의
중국
수업

현대 중국의 진심을 알고 싶은
당신을 위한 맞춤형 특강

Ⓗ

미·중 신냉전 시대를 사는
중국인 속마음 공부

미국과 중국 사이가 갈수록 나빠지고 있습니다. 무역분쟁은 일부에 지나지 않습니다. 앞으로 더 많은 분야에서 오래도록 더욱 격렬하게 싸울 수 있습니다. 중국이 부상하면서 미·중 신냉전 시대가 열리고 있습니다. 미국은 중국을 새로운 적으로 간주하면서 중국을 이대로 둘 수 없다고 생각합니다. 중국이 더 강해지기 전에 단단히 손을 써야 한다고 생각합니다. 이런 미국에 중국도 쉽게 물러나지 않을 것입니다. 중국은 전통시대처럼 세계 중심으로 복귀하기 위해 지난 100년 동안 쉼 없이 달려왔고 이제 그 목표에 다가서고 있다고 생각합니다. 당장은 미국보다 여러모로 약하기 때문에 영토나 타이완 문제, 소수민족문제 등 핵심 사항을 제외하고는 미국에 정면 대응을 하지는 않을 것입니다.

　미국과 중국은 서로 추구하는 가치가 다르고 제도가 다릅니다. 그동안 세계의 패권은 대부분 서구 문명권 내부에서 다투었습니다. 얼른 꼽아 보아도 네덜란드, 포르투갈, 스페인, 영국, 미국 모두 그러합니다. 이에 비해 중국은 서구 문명권 밖에서 세계 패권에 다가가고 있는 유일한 나라입니다. 미국을 비롯한 서구 입장에서 보면, 그만큼 문명적으로 이질적인 국가입니다. 역사는 물론 추구하는 가치와 제도도 미국이나 서구 나라들과 다릅니다. 중국은 미국 중심의 질서와 가치, 제도로 수렴되기를 거부하고 있습니다. 미국의 제도와 가치가 인류 보편적 가치와 제도일 수 없다고 비판합니다. 미국이 중국을 악의적인 규칙 파괴자(rule-breaker)라고 부르는 것도 이와 관련됩니다. 미·중 대립이 깊어지고 오래갈 수밖에 없는 이유입니다.

불행히도 한반도는 세계에서 미국의 힘과 중국의 힘이 가장 날카롭게 충돌하는 접점입니다. 우리는 앞으로 아주 오랜 기간 미·중 사이의 첨예한 대립 속에서 살아야 할 것입니다. 세계 최강 국가인 미국의 힘이 예전만 못하지만 그래도 미국은 쉽게 기울지 않을 것입니다. 중국도 쉽게 무너지지 않을 것입니다. 물론 두 나라가 쉽게 화해하지도 않을 것이지만 그렇다고 두 나라와 세계에 파국을 초래할 제로섬 게임을 하지도 않을 것입니다. 냉엄한 위기와 도전이 우리 앞에 놓여 있습니다.

최근 우리 사회에 중국을 혐오하거나 폄하하는 정서가 고조되고 있습니다. 중국을 보는 냉전적 시각의 영향, 사드 사태와 최근 미·중 대립의 영향, 그리고 시진핑 정부의 개헌과 중국을 대하는 우리 특유의 우월감 등등이 작용했기 때문입니다. 하지만 극단적인 반미 정서가 그러하듯이 극단적인 반중국 정서 역시 우리의 삶을 구원할 방책도 아니고 바람직한 선택도 아닙니다. 지금 우리에게는 특별한 공부가 필요합니다. 미·중 신냉전시대에 미국 공부는 물론이고 중국 공부도 열심히 해야 합니다. 이념의 눈이 아니라 이용후생과 실사구시의 눈으로 미국과 중국의 미래구상을 더욱 열심히 들여다보고 연구해야 합니다. 나라를 운영하는 사람이나 정치인, 경제인에게만 이런 공부가 필요한 것이 아니라 온 국민에게 필요한 공부입니다.

저는 한국과 중국이 수교하던 1992년에 중국에 유학을 갔습니다. 그 뒤로 줄곧 중국인들이 어떤 생각을 하며 사는지를 들여다보고 있습니다. 중국 문학과 영화, 문화 등 중국인의 마음과 생각이 담긴 텍스트를 통해 중국인과 중국을 들여다보면서 우리가 중국인과 중국을 어떻게 바라보고 이해해야 하는지 고민해 오고 있습니다. 이 책도 그런 고민의 일환으로, 지금 우리가 중국을 공부하고 중국을 이해하려고 할 때 필요한 핵심적인 쟁점만을 골라서 책에 담았습니다.

우리는 전통 중국은 잘 알지만, 현대 중국은 잘 모릅니다. 현대 중국에 관심이 있다고 해도 대부분 정치 사건에만 관심을 보입니다. 지금의 중국을 이해하고자 할 때 시진핑 주석의 연설문이나 상하이 주가지수를 들여다보는 것도 방법이지만 중국을 좀 더 깊이 이해할 수 있는 효과적인 방법 가운데 하나는 중국인의 속마음을 들여다보는 것입니다. 이 책에서 현대 중국의 정치적 사건을 중심으로 쟁점을 구성하지 않고 현대 중국인의 생각과 마음을 중심으로 쟁점을 추출한 것은 이 때문입니다.

이 책은 네이버 '파워라이터 온'에 〈이욱연의 친절한 현대 중국 이야기〉 코너를 통해 연재한 것들을 수정·보완하여 다시 썼고 중국과 관련된 비즈니스에 필요한 문화적 정보를 포함하여 몇 가지 쟁점을 추가하였습니다. 네이버 연재 당시 과분한 관심과 응원을 보내준 분들께 감사드립니다. 또한 이 책은 제가 서강대에서 강의하는 '현대중국: 구조와 쟁점'의 주요 내용이기도 합니다. 수업 시간에 쟁점을 두고 열심히 여러 의견을 내고 토론을 해 준 학생들에게 고마움을 전합니다. 이 한 권의 책이 나오기까지 전체적인 구상에서부터 세세한 원고 수정까지 자상하게 애를 써 준 휴머니스트 편집부에 깊이 감사드립니다. 늘 내 삶의 힘과 동력인 아내 김혜영과 두 아들 담과 한에게도 감사의 마음을 전합니다.

2018년 가을이 깊은 서강에서
이욱연

차례

3부 중국 사회는 무엇을 고민할까?

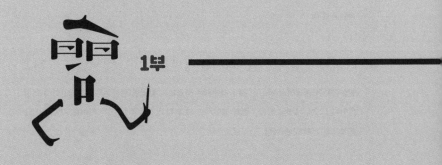

霜 1부

중국은 어디로 갈까?

1

굴욕과 위기가 이어진
중국의 근대

안이한 대응으로 비극이 시작되다

아편전쟁(1840~1842)은 세계사에서 가장 부도덕한 전쟁 가운데 하나일 겁니다. 마약인 아편을 계속 수출하려는 영국과 이를 막고자 영국 상선의 아편을 압수하여 불태우고 바다에 버린 중국(당시 청淸나라)이 대립해 일어난 전쟁이기 때문이지요. 영국은 왜 이처럼 부도덕한 전쟁을 한 것일까요?

18세기 중엽 산업혁명에 성공하여 막대한 공산품을 생산할 수 있게 된 영국은 생산품을 팔 넓은 시장이 필요하게 됩니다. 그래서 시장 개척에 나서는데, 말이 좋아서 시장 개척이지 실은 식민지 개척입니다. 인도가 영국 식민지로 전락한 경우가 대표적입니다. 영국은 중국에게도 끊임없이 무역을 요구합니다. 그런데 중국은 요지부동이었습니다. 흔히 중국을 두고서 땅이 넓고 산물이 많다는 뜻으로 '지대물박(地大物博)'이라고 하죠. 중국은 필요한 것이 없다면서 영국의 요청을 거절합니다. 두 나라는 한동안 실랑이를 하다가 차, 자기, 비단 등의 거래를 허용합니다.

그런데 여기서 문제가 생깁니다. 영국은 왕실은 물론이고 귀족 사회에도 차 문화가 퍼져서 수요가 매우 많았습니다. 자연스럽게 중국의 차가 영국에 대량으로 수입되었습니다. 당시 무역 거래는 주로 은을 사용했는데, 차를 수입하면서 영국 은이 중국에 대량으로 유출됩니다. 하지만 영국의 수출품인 모직물이나 면직물은 중국인에게 외면을 받아서 심각한 무역역조 현상이 일어난 것이지요. 영국으로서는 고민스러운 상황이 된 것입니다. 그런데 이를 해결해줄 묘책이 나옵니다. 당시 영국은 인도를 식민지로 차지하고 있었는데, 영국과 인도 사이에서 무역을 하던 동인도회사가 인도에서 나는 아편을 중국에 가져다 팔자고 제안한 것이었습니다.

영국은 우선 부두에서 짐을 옮기는 노동자에게 아편을 줍니다. 아편에 길들이겠다는 생각인 거죠. 고된 일에 지친 부두 노동자들이 아편에 취해 잠시 고통을 잊고 쾌락에 길들면서 점차 중독되어 갑니다. 이렇게 부두 노동자들에서 시작된 아편은 점차 도시로 퍼지고, 심지어 평범한 가정에까지 파고들어 여자들도 아편에 빠지게 됩니다. 영국 기업이 아편을 팔아서 돈을 벌자 다른 서구 기업들도 아편 무역에 나서면서 광저우와 상하이 등 서구에게 문을 연 대부분의 대도시에 아편이 빠르게 퍼지고, 이어서 내륙으로 확산되기 시작합니다.

더는 방관할 수 없는 지경에 이르자 청나라 정부는 린쩌쉬(林則徐)

를 파견해 아편을 몰수하여 불태우기도 하고, 바다에 던져 녹여버리기도 합니다. 그러자 분노한 영국 무역상들이 자국 정부에 도움을 청하게 됩니다. 영국 정부는 실태 조사에 나서고, 무력을 사용해 중국의 조치에 대항할 것인지를 두고 의회에서 토론을 벌입니다. 1840년 4월에 사흘간 열띤 토론을 한 뒤에 투표를 하는데 반대 262표, 찬성 271표, 단 9표 차이로 전쟁을 결정합니다. 결국 1840년 6월 세계 역사상 가장 부도덕한 전쟁 가운데 하나가 일어납니다.

그런데 영국 의회는 왜 이렇게 부도덕한 전쟁에 찬성했을까요? 아편 무역으로 영국 무역 회사만 이득을 본 게 아니라 영국 정부도 이득을 보았기 때문입니다. 아편을 중국에 팔면서부터 세금도 많이 걷히고 은이 중국으로 유출되는 것도 막을 수 있었던 것이지요. 당시 무역 회사가 영국 의회 의원들을 상대로 집요하게 로비도 했을 겁니다.

영국과 중국 사이의 전쟁은 싱겁게 끝납니다. 중국은 80만 대군이 참전하고 영국은 처음에는 7000명, 전쟁 막바지에는 2만 명이 참전했는데, 중국이 수적으로 훨씬 많았지만 너무도 쉽게 영국에 패합니다. 이 전쟁으로 1842년 난징조약(南京條約)이 맺어집니다. 영국은 홍콩섬을 영원히 차지하고, 상하이와 광저우 등 다섯 개 항구를 개항시켜 이들 지역에 영국인이 거주할 수 있도록 하고 영사관도 개설하며, 관할지 재판권도 확보합니다. 그러고 나서 양국 상인들이 자유롭게 무역을 할 수 있게 됩니다. 물론 중국은 아편을 불태우고 훼손한 비용과 군비 등도 물어줍니다.

중국이 영국과 이 같은 불평등조약을 맺자 서구 국가들이 잇달아 달려들어 자신들과도 같은 조건으로 조약을 맺으라고 요구합니다. 청 정부는 난징조약을 맺은 2년 뒤인 1844년 5월과 9월에 미국과 프랑스와 각각 조약을 체결합니다. 그런데 조약이 늘어갈수록 요구 조건은 더 많아져서 미국과 프랑스는 교회 건립과 선교의 자유까지 얻어냅니다.

이렇게 중국은 동해 지역 대부분을 서구에게 내주고 반식민지로 전락해갑니다. 쑨원(孫文)에 따르면, 반식민지 상태는 완전한 식민지 상태보다 더 가혹한 억압을 받게 됩니다. 왜 그럴까요? 쑨원의 해석은 이렇습니다. 조선이나 베트남은 한 나라의 식민지일 뿐이어서 한 나라에만 시달리지만, 중국은 여러 나라와 불평등조약을 체결해서 여러 나라의 노예가 되었고 여러 나라에게 시달리기 때문입니다.[1]

'작은 일본'에게 패하고 4000년 미몽에서 깨어나다

서구에게 잇달아 패했다고 해서 중국인이 곧바로 큰 위기감을 느낀 것은 아니었습니다. 중국인은 여전히 자만심에 빠져 있었습니다. 당시 중국의 지식인들은 중국 문명이 서구에 비해 여전히 우수하지만 지엽적이고 비본질적인 요소, 즉 총이나 대포 같은 무기를 만드는 기술이나 자연과학에서만 어쩌다 서구보다 뒤떨어져 있을 뿐이라고 생각했습니다. 더구나 서구의 자연과학이나 기술이란 것도 원래는 중국에서 기원하여 인도를 거쳐 서구로 전해진 뒤 발전한 것이라면서 여전히 자만심에 젖어 있었습니다. 서구가 비록 우월한 무력을 동원해 중국을 이겼지만, 이는 중국 역사에서 흔히 있는 일 가운데 하나이고 중화 문명을 위협하는 것이 못 된다고 여겼습니다. 무력이 우월한 이민족(오랑캐)이 중국을 침략하고, 심지어 왕조도 붕괴시킨 일이 있었지만, 중화 문명은 시종일관 연속성을 지녔다고 생각한 것입니다.

정말 구제할 수 없는 자만심인데, 이런 자만심에 결정적인 충격을 준 사건이 일어납니다. 바로 1894년 청일전쟁에서 일본에게 패한 것이지요. 많은 중국 연구자는, 중국인에게 심각한 위기의식을 심어주고 치욕감을 안겨준 사건은 아편전쟁보다 청일전쟁에서 일본에게 패하고 불평등조약을 맺은 시모노세키조약(下關條約)이라고 지적합니다.

청 말 지식인인 량치차오(梁啓超)가 《무술정변기(戊戌政變記)》라는 책에서 "우리나라가 4000년의 미몽에서 깨어난 것은 사실 갑오년의 전쟁에서부터다."라고 한 것은 이런 시대 분위기를 반영합니다.[2] 서구와의 전쟁에서 지고 나서도 대수롭지 않게 생각하던 청나라 관리와 지식인도 중국보다 문명 수준이 한참 떨어진 국가라고 여겼던 일본과 벌인 전쟁에서 패하자 큰 충격을 받은 것입니다. 1895년 4월 17일 시모노세키조약이 체결되어 타이완을 일본에게 할양한다는 소식이 전해지자 중국의 지식인들은 너무나 커져버린 일본 앞에서 복잡한 심정이 되어 자신감을 잃게 됩니다.

청일전쟁에서 패한 중국인들은 나라가 망하고 중국인이 멸종할지도 모른다는 위기감과 더불어 치욕감에 휩싸입니다. 지금도 중국 사람들은 일본 사람들을 욕하거나 얕잡아 부를 때 '샤오리번(小

日本)'이라고 말합니다. '작은 일본'이라고 부르는 것은 과거 일본인의 키가 작았다는 것을 지칭하기도 하지만, 일본 문명의 수준이 형편없다고 비하하는 뜻도 들어 있습니다. 중국의 역사에서 볼 때 일본은 중화 조공 체제에도 들어오지 못한 국가였기 때문에 더없이 비하하고 얕잡아 보던 나라인데, 어느새 성장하여 중국을 능가한 것이 중국 지식인에게는 충격이었습니다.

전쟁에서 진 청나라는 일본에게 당시 청 정부가 1년에 거두는 세금 3년 치를 배상하게 되고, 이 돈은 일본이 군사 대국으로 성장하는 중요한 밑거름이 됩니다. 역설적이게도 나중에 중일전쟁(1937)이 일어나고 중국이 일본에게 침략을 당하는 군사적 토대가 청일전쟁에서 마련된 셈이지요.

문명의 위기에 빠지다

중국이 근대 초기에 영국·미국·프랑스·독일·러시아·일본 등 여러 나라와의 전쟁에서 패하여 영토를 빼앗기고 어마어마한 배상금을 지불하는 수난을 당할 때, 안에서는 태평천국운동을 비롯해 여러 반란이 일어납니다. 그야말로 내우외환의 위기에 빠진 것입니다. 이러한 혼란은 긴 중국 역사에서 보면 이전 왕조가 망하고 새로운 왕조가 탄생하는 과정에 일어나는 전형적인 혼란이자 위기라고도 볼 수 있습니다.

그리고 사실 중국이 이민족의 침략을 받은 것 자체는 중국 역사에서 특별한 일이 아닙니다. 중국은 아편전쟁 이전에도 여러 차례

이민족의 침략을 받았습니다. 그래서 서양의 침략으로 인한 위기도 같은 차원으로 받아들일 수 있습니다. 하지만 중국인들이 말하는 이른바 '서양 오랑캐(洋夷)'의 침략이 이전의 숱한 이민족 '오랑캐'의 침략과 결정적으로 다른 점도 있습니다. 이전 오랑캐는 주로 북방에서 중국을 침략했는데, 서양 오랑캐는 바다를 통해 왔다는 점이 다릅니다. 이보다 더욱 중요한 차이는 중국 문명을 대하는 태도와 시각에 있습니다. 서구는 중국 문화가 우월하다는 것을 전혀 인정하지 않았을 뿐만 아니라 오히려 서구 문명으로 중국 문명을 개조하려고 한 점이 이전에 중국을 침략한 이민족과 전혀 달랐습니다.

중원의 한족 세계를 정복하고 자신의 왕조를 세운 몽골족이나 만주족도 중국인이 말하는 이른바 오랑캐였지요. 그런데도 중국이 두 나라를 중국 역대 왕조의 하나로 취급하는 것은 그들이 중국 문화를 단절시키는 대신 계승했다고 보기 때문입니다. 이민족에게 점령당해 한족 왕조가 교체되거나 단절된 것은 중요하지 않았습니다. 이민족이 지배하는데도 중국 문화가 지속되었느냐를 기준으로 판단하는 것입니다. 몽골족과 만주족은 분명 이민족이었지만 중국 문화를 받아들이고 한족이 오랜 역사를 걸쳐 이룬 문화의 기본 원리와 가치를 존중하는 한편 그 연속성을 유지했던 까닭에 원(元)나라와 청나라는 중국 역사의 일부라고 보는 것입니다. 혈통이나 종족이 아니라 문화를 중심으로 정통성을 평가하는 중국 특유의 문화주의입니다.

그런데 서양은 달랐습니다. 중화 문명의 근본을 위협하면서 무기로 중국을 무너뜨릴 뿐만 아니라 기독교를 앞세우고 중국에 들어왔습니다. 서양식 학교와 교회, 서적 출판, 신문 발행 등을 통해 기독교 세계관, 근대 세계관을 전파하면서 중국 문명을 해체하려고 했습니다.

청나라 말에 중국이 직면한 위기는 이전의 위기와는 근본적으로 성격이 달랐던 것입니다. 완전히 이질적이고 새로운 타자인 서양과의 대결에서 잇달아 패하면서 왕조나 민족의 위기를 넘어 중국 문명이 위기에 처한 것입니다. 전쟁에 져서 땅을 잃거나 배상하는 것은 작은 일일 수도 있지만, 이제 자신들의 고유한 정신과 문화, 전통까지 해체될 위기에 직면한 것입니다. 중국 근대의 위기가 심각한 것은 이 때문이었습니다. 청 말 관료인 리훙장(李鴻章)이 당시 위기를 두고 서주(西周) 시대 이후 3000여 년 만의 대변국(三千餘年一大變局)이라고 본 것은 이런 의미로 이해할 수 있습니다.

중국이 근대에 맞닥뜨린 위기를 두고 중국인들이 중화 민족의 위기이자 중화 문명의 위기로 인식하는 것은 중국이 오랫동안 독자적인 문명 체계를 지닌 문명국가라는 사실을 전제로 두고 있기 때문입니다. 마틴 자크(Martin Jacques)가 지적하듯이, 중국인은 자신들의 현재 모습과 정체성을 규정하는 것은 국민국가가 아니라 중국 문명이라고 생각하며,[3] 이러한 생각이 서구 침략으로 인한 위기를 중국 문명의 위기로 인식하는 데 영향을 미친 것입니다.

아편전쟁 이후 중국이 직면한 위기는 매우 복합적입니다. 청나라 왕조의 부패와 무능으로 초래된 왕조 차원의 위기, 전통 사회에서 근대사회로 전환되어가는 과정에서 일어난 혼란, 제국주의 국가의 침략으로 인해 국토를 잃고 민족이 분열된 위기, 중국 고유의 문화와 문명이 해체되는 위기가 중첩되어 있습니다. 중국 근현대사는 이 위기를 극복해가는 지난한 과정입니다.

해결한 문제와 해결하지 못한 문제

이 위기에서 중국은 어느 것을 이미 해결했고 어느 것을 아직도 해결하지 못하고 있는 것일까요? 먼저 청 왕조의 부패와 무능으로 인한 위기는 1912년 청 왕조가 몰락하고 중화민국이 수립되어 해소되었습니다. 제국주의 침략으로 인한 위기는 1949년 중화인민공화국이 수립되고 중국 대륙에서 외국 세력을 쫓아내면서 상당히 해소되었습니다. 그리고 1997년에는 영국에게 빼앗긴 홍콩을 되찾는 등 근대 시기에 힘이 없어서 빼앗겼던 땅도 되찾고 있습니다. 하지만 중국공산당과 많은 중국인은 나머지 과제가 아직도 해결되지 않았다고 봅니다. 타이완을 되찾는 일이 남았다고 생각하는 것입니다. 타이완까지 합쳐서 통일을 이루어야 비로소 근대 이후 직면한 민족 분열이 해결되고, 온전한 민족국가를 완성할 수 있다고 생각합니다. 중국이 타이완 문제에 민감한 이유입니다.

근대화를 이루는 과제, 즉 근대화에 뒤처져 서구에게 당한 고통 역시 중국이 개혁개방 이후 빠르게 성장하여 G2 대국이 되면서 어느 정도 해소되었습니다. 그런데 중국 정부와 중국인들은 아직 갈 길이 남았다고 생각하는 정말 중요한 과제가 있습니다. 바로 중국 문명의 위상을 회복하는 일입니다. 전통 시대처럼 중국이 세계 선진 국가, 세계 문명의 중심으로 복귀하길 희망합니다. 그것은 단순히 경제력이나 군사력만 강한 나라를 말하는 게 아닙니다. 서구의 제도와 가치관 등 이른바 서구 기준에 따르는 것이 아니라 중국의 고유한 문화와 사상, 가치관, 제도 등을 바탕으로 중국의 길을 따라 세계의 중심에 복귀하겠다고 말합니다. 그래야만 중국이 근대에 직면했던 중화 문명의 위기가 해소된다고 생각하고 있습니다.

중국공산당과 많은 중국인은 그것이 바로 '중국의 꿈(中國夢)'이라고 말하고 있습니다. 중국을 부유하고 강하게 만들 뿐만 아니라 근대 이후 분열된 중국을 통일하고 중화 문명을 회복하는 것, 그것이 중국의 꿈을 실현하는 일이자 과거와 같은 영광을 회복하는 일이라고 생각하는 것입니다. 중국공산당이 말하는 중국의 꿈의 실현은 아편전쟁 이후 중국이 겪은 민족적 상처(national trauma)를 씻는 일입니다. 이 꿈에 중국공산당만이 아니라 많은 중국인이 동참하고 있습니다. 중국공산당이 많은 문제점을 지니고 있지만 여전히 많은 중국인이 중국공산당에 힘을 실어주는 이유이기도 합니다.

중국인과 중국공산당은 세계 문명의 패러다임을 바꾸고자 합니다. 중국 문명을 세계에 다시 전파하고자 하고 중국 문명의 세계적 위상을 다시 회복하고자 합니다. 이런 중국의 꿈은 서구 세계가 중국의 부상을 극도로 경계하는 한 이유이기도 합니다.

2
중화 민족의 부흥을 꿈꾸는
현대 중국

중국의 절치부심

2012년 11월, 시진핑(習近平)은 중국공산당 총서기로 선출된 뒤 첫 공식 대외 행사로 톈안먼 광장 동쪽에 있는 국가박물관 전시회를 보러 갑니다. '부흥의 길'이라는 특별 전시회로, 주제는 중국의 치욕과 부활입니다. 전시장에 들어서면 중국 고대의 4대 발명품을 비롯해 화려한 전통 시대가 벽면에 부조되어 있고, 이어서 치욕의 근대사가 전시됩니다. 아편전쟁부터 중국이 서구와 일본에 맞선 전쟁에서 패하고 각종 불평등조약을 맺은 사실, 관련 사진과 문물 등이 전반부에 전시되어 있고, 이어 중국공산당의 주도 아래 중국이 다시 부흥의 길을 가고 있다는 내용이 후반부를 채우고 있습니다. 영광의 전통 시대에서 시작하여 치욕의 근대를 보여주고, 중국공산당과 함께 중화 민족의 위대한 부흥을 실현해가는 순서로 되어 있습니다.

이 전시회를 보고 나서 시진핑은 '중국의 꿈'에 대한 유명한 연설을 합니다.

> 우리 민족이 근대 이후 당한 고난이 심대하고 희생이 막중했습니다.
> 이는 세계사에서도 드문 것입니다만 우리는 굴복하지 않았습니다.
> …… 아편전쟁이 일어난 1840년부터 우리는 지속적으로 분투했고,
> 중국 대지에 중화 민족의 위대한 부흥이라는 광명의 앞날이 드러나
> 고 있고, 우리 모두는 어떤 역사 시기보다 중화 민족의 위대한 부흥
> 이라는 목표에 더욱 근접하고 있다는 것을 느끼고 있습니다.

그러면서 시진핑은 사회주의 중국 수립 100주년이 되는 2049년까지 중화 민족의 위대한 부흥이라는 꿈이 반드시 실현될 것이라 굳게 믿는다고 말합니다.

일반적으로 수치와 모욕을 아울러 이르는 말인 치욕은 단순히 누구에게 패배를 당했다는 차원에서만 오는 감정이 아닙니다. 과거든 현재든 자신이 상대보다 우월한데도 패하거나 모욕을 당했다는 생각을 전제로 하는 경우가 많습니다. 더구나 자신을 이긴 상대가 자신을 조롱하고 능멸할 경우, 그 감정은 더욱 커지겠지요. 중국과 서구, 일본 사이에서 중국인이 느끼는 치욕감이 바로 그런 경우입니다.

사실 18세기 이전까지만 보면 중국은 가장 수준 높은 문명을 지닌 나라였습니다. 과학이나 기술은 물론이고 인문과 예술도 그러

했습니다. 진(秦)나라의 수도이자 당(唐)나라의 수도였던 시안(西安)을 여행할 때면 중국 문명의 수준을 절감하게 됩니다. 그러다 보니 중국인은 자신들의 문명에 대한 자부심이 높습니다. 때로는 오만하기도 합니다. 이를 두고 중국의 근대 작가 루쉰(魯迅)은 〈문화 편향 발전론(文化偏至論)〉이란 글에서 "중앙에 우뚝 서서 비교할 대상이 없었기 때문에 더욱 자존감은 커져갔고, 자기 것만 소중하게 생각하며 만물을 깔보는 것을 당연하게 여겼다."[4]라고 비판했습니다.

이런 자존감은 중국을 지칭하는 말에서도 엿볼 수 있습니다. 중국은 화하(華夏), 중화(中華), 신주(神州), 천조(天朝) 등으로 불리기도 합니다. '화하'에서 화(華)는 옷에 수를 놓던 꽃무늬를 가리키는 말로 화려하고 아름답다는 뜻이고, 하(夏)는 예(禮)에 의해 통치되는 이상적 질서가 갖추어진 주(周)나라를 뜻합니다. '아름답고 화려한 이상적 나라'라는 뜻인 셈이지요. 그런가 하면 '중화'라는 말에서 '중(中)'은 단순히 중앙이라는 뜻만이 아니라 고급문화를 지닌 중심이라는 뜻도 지니고 있습니다. '신주'나 '천조'라고 부르는 것은 신의 나라, 하늘이 내린 나라라고 생각하는 것이지요. 하늘 아래 자기 민족이 특별하다고 생각하는 일종의 중국판 선민의식(選民意識)입니다.

이처럼 민족적 자부심이 강한 중국이 근대에 서양 오랑캐에게는 물론이고 자신들보다 문명 수준이 훨씬 뒤떨어지고 자신들이 문명을 전파해주기도 한 일본에게마저 패하자 굉장한 치욕감을 느낍니다. 그 전형적인 예를 하나 볼까요?

일본인아, 일본인아, 배은망덕한 일본인아, 우리 중국이 대관절 어디가 너희만 못하기에 너희가 이렇게 우리를 멸시하느냐. 너희는 '시나징(支那人)'이란 세 자를 말할 때 벌써 너희의 극단적인 악의를 드러낸다. 너희는 '시(支)' 자를 말할 때면 일부러 코를 찌푸리고, 너희가 '나(那)' 자를 말할 때면 콧소리를 길게 늘어 뺀다.

— 궈모뤄(郭沫若), 〈행로난(行路難)〉 중에서

　현대 중국을 대표하는 작가이자 학자인 궈모뤄가 일본에서 유학할 때 겪은 일을 담은 자전적 소설의 일부입니다. 청일전쟁에서 이긴 뒤 일본인은 중국인을 과거처럼 '청국인(淸國人)'이라고 부르지 않고 비하하는 뜻으로 '시나징'이라고 부르기 시작했는데, 중국인은 이를 더없는 치욕으로 받아들였습니다. 궈모뤄는 과거에 중국이 일본에게 문물을 다 전해주었는데, 이제 일본이 힘이 세졌다고 '배은망덕'하게도 중국인을 시나징이라고 부르면서 무시하고 모욕한다고 분노하고 있습니다. 궈모뤄의 치욕적인 체험은 일본인에게 느낀 것이지만, 많은 중국인은 자신들을 아편에 찌든 '동아시아의 병자', 즉 '동아병부(東亞病夫)'라고 부르는 서양 오랑캐에게서도 비슷한 치욕감과 모욕감을 느꼈습니다.

치욕의 기억을 잠시 미루어놓다

중국이 근대에 경험한 치욕은 사회주의 정부가 수립되면서 일단 끝이 납니다. 외국에게 빼앗긴 땅은 홍콩 등을 제외하고 거의 되찾았고, 아예 외국인을 추방하기도 했습니다. 마오쩌둥(毛澤東)은 1949년 중화인민공화국 수립을 내외에 천명하면서 이렇게 외칩니다. "우리 민족은 더는 다른 사람에게 모욕을 당하는 민족이 아니며, 우리는 이제 일어섰다."[5] 이 외침에 많은 중국인이 눈물을 흘리면서 환호했습니다. 사회주의 중국의 수립을 아편전쟁 이후 서구와 일본에게 당한 민족적 치욕을 씻는 일로 생각한 것입니다. 그리고 자연스럽게 치욕의 기억 역시 수면 아래로 가라앉습니다.

이후 마오쩌둥과 중국공산당은 지도자의 주요 연설과 당 선전물, 학교 교육, 언론 등에서 치욕의 역사 경험이나 기억을 이야기하기보다는 중국공산당이 주도하여 승리한 이야기, 자본주의에 맞서 전 세계 프롤레타리아 계급이 연대한 이야기, 중국이 세계혁명의 선봉이라는 이야기를 주로 합니다. 마오쩌둥 시대에는 민족적 치욕이 주요한 이데올로기 수단으로 등장하지는 않았습니다. 치욕의 상징인 난징 대학살도 부각되지 않았고, 그것을 다룬 책조차 일반인에게 공개 출판되지 않았습니다. 중국이 근대에 이르러 위기에 처한 원인으로 제국주의 침략만 강조하는 것이 아니라 청나라 봉건 정권의 부패와 타락, 국민당의 부패, 중국 부르주아 계급의 한계 등 내부 요인을 계급적 차원에서 강조했습니다.

마오쩌둥 시대에 통치 이데올로기 차원에서 민족적 치욕이 두드러지게 등장하지 않은 것은 당시 중국공산당이 추구한 정체성과도 관련이 있습니다. 마오쩌둥과 중국공산당은 무엇보다 중국공산당이 프롤레타리아 계급의 정당이라는 정체성을 내세웠습니다. 중국인에게 억압과 착취가 없는 사회주의 이상향을 약속하고 세계 사회주의혁명을 이끌어 전 세계 노동자와 억압받는 민중을 해방시키겠다는 프롤레타리아 국제주의를 강조한 것입니다.

마오쩌둥과 중국공산당은 중국 국민을 하나의 민족이라고 뭉뚱그리는 게 아니라 계급에 따라 나눈 뒤 프롤레타리아 입장에서 각기 다르게 대우했습니다. 민족보다 계급 대립을 우선하다 보니 서구와 일본에 대한 분노를 앞세우는 민족주의를 통치 이데올로기로 강조하지 않은 것입니다.

마오쩌둥이 "우리는 일본, 영국, 미국, 독일, 이탈리아 그리고 다른 모든 자본주의 국가의 프롤레타리아 계급과 연합해야 한다. 그렇게 해야만 제국주의를 타도하고 우리 민족과 인민을 해방시키고 세계의 민족들과 인민들을 해방시킬 수 있다."면서, "이것이 바로 협애한 민족주의와 애국주의에 반대하여 싸우는 우리의 국제주의다."[6]라고 강조한 것은 이런 배경에서였습니다. 민족주의와 국제주의를 늘 같이 사고한 것입니다. 아울러 마오쩌둥 자신을 신화화하면서 중국인이 마오쩌둥과 중국공산당의 지도를 받아 제국주의에 승리했음을 더 강조한 것입니다. 중국이 8월 15일을 승전기념일로 정한 것도 이런 배경을 가지고 있습니다.

치욕의 역사가 통치 이데올로기에 이용되다

그런데 1990년대부터 상황이 변합니다. 1989년 톈안먼 사건 이후 민족적 치욕(national humiliation)이 통치 이데올로기 차원에서 수면 위로 부상합니다. 특히 1992년 장쩌민(江澤民) 체제가 출범할 무렵부터 중국 민족이 겪은 치욕이 역사 교육, 이데올로기 교육 차원에서 강조되기 시작합니다. 2002년 후진타오(胡錦濤) 시대가 열리고 중국공산당이 '중국의 위대한 부활'을 당과 국가의 목표로 설정하면서 중국 지도자의 연설과 언론, 학교 교육 등에서 중국 민족이 겪은 치욕이 자주 등장합니다. 그리고 시진핑의 연설에서 보듯이, 치욕의 기억과 민족의 부활에 대한 기원이 늘 짝을 이루게 됩니다.

중국공산당은 왜 1990년대에 들어서면서 중화 민족이 겪은 치욕을 강조하고 민족주의를 이야기하기 시작했을까요? 첫째는 중국공산당이 직면한 위기에 대응하는 차원이고, 둘째는 새로운 정체성을 모색하는 차원입니다. 중국공산당은 1989년 톈안먼 민주화 시위를 무력으로 진압한 뒤 개혁개방 정책을 계속 추진할지를 두고 심각한 당내 분열에 휩싸입니다. 개혁개방 정책을 추진하는 과정에서 빈부 격차라든가 부패, 물가 인상, 범죄 증가 등 여러 문제가 드러났고 이것이 톈안먼 사건이 일어난 배경이었기 때문입니다.

기존 사회주의 체제를 허물고 시장 체제를 도입하는 과정에서 서구와 접촉이 잦아지면서 낙후된 중국의 현실이 드러나자 중국인들은 자국에 대한 반감과 불만이 늘어나고 이와 비례하여 서구에 대한 기대감도 늘어나게 됩니다. 사회주의에 대한 믿음이 약해지고 중국공산당에 대한 기대도 약해지는 위기에 직면한 것입니다. 여기에 외부 환경도 최악이었습니다. 1991년 소련이 해체되고 동유럽 사회주의가 도미노처럼 무너집니다. 중국공산당이 내외적으로 곤경에 처한 것입니다.

이런 상황에서 1993년 장쩌민 체제가 들어서고 중국공산당은 당 내분을 수습해 개혁개방 정책을 계속 추진합니다. 중국인들 사이에서도 중국이 소련처럼 분열되는 것은 막아야 한다는 분위기가 형성되었고, 통치 수단의 일환으로 애국주의 사상 교육을 강조합니다. 주로 대학생과 청년이 주축이 된 톈안먼 사건이 일어나자 개혁개방을 추진해온 10년 동안 중국공산당이 범한 가장 큰 실책이 교육, 즉 정치사상 교육이라고 지적한 덩샤오핑(鄧小平)의 뜻이 반영되어 있습니다.

1994년에 중국공산당은 〈애국주의 교육 실시 요강(愛國主義敎育實施綱要)〉을 발표하고, 청소년에게 애국주의 교육을 강화합니다. 특히 근현대사 교육을 강조합니다. "나라의 치욕을 잊지 마라(勿忘國恥)!" 중국에서 흔히 볼 수 있는 구호입니다. 역사적 기념물이 있는 곳은 물론이고 공원, 학교, 심지어 골목 담장에서도 볼 수 있습니다. 치욕의 역사는 중국 학생들이 초등학교부터 대학까지 가장 중요하게 배우는 단원 가운데 하나입니다. 중국이 당한 굴욕과 관련한 갖가지 역사적 사실을 배우고 굴욕에 맞섰던 인물의 영웅적인 투쟁을 그린 영화·전기·글 등을 배우는 것입니다. 교과서도 개편합니다. 중국 대입 시험에서 역사 과목은 문과 학생에게만 필수였는데, 정치는 문과와 이과 학생 모두가 치러야 합니다. 그래서 중국 정부는 정치 과목에 근현대사 내용을 추가하기도 합니다.

이렇게 애국주의 역사 교육이 강화되면서 근현대 역사 교육의 중점도 바뀌게 됩니다. 과거 마오쩌둥 시대에는 중국이 제국주의에 승리한 이야기에 중점을 두면서 승리자 이미지를 각인시켰지만, 이제는 제국주의에 치욕을 당한 이야기를 부각하여 희생자 이미지가 강조됩니다. 중국공산당은 애국주의 교육을 강화하는 차원에서 학생들이 참관해야 할 100개 애국 교육 기지를 선정하는데, 이 가운데 가장 많은 40곳이 서구 및 일본과 벌인 전쟁과 그로 인한 치욕 경험과 관련된 곳이었습니다.

중국의 새로운 정체성

같은 기억을 공유하는 것은 같은 정체성을 갖는 데 중요한 역할을 합니다. 집단기억(collective memory)은 집단의 정체성과 밀접하게 관련되어 있지요. 역사에 대한 공동의 기억이 중요한 것은 이 때문입니다. 우리나라 박근혜 정부가 그러했듯이, 많은 정치 지도자가 역사 교육을 국정화하려는 유혹에 빠지는 것도 바로 이 때문입니다. 자신의 정치 목적에 따라 국민의 기억을 단일하게 만들려는 것이고, 이를 통해 하나의 정체성을 만들려는 것이지요. 중국공산당이 근대 중국 민족이 당한 치욕을 강조하는 것도 이런 배경이 작용하고 있습니다. 국민당과 공산당 사이의 갈등이나 내부 문제보다도 중국과 외국 제국주의 사이의 갈등을 더욱 강조하면서 이를 토대로 중국인을 하나로 뭉치게 하는 것이지요.

애국주의 교육과 더불어 주목할 것은 중화 민족의 부활 이야기입니다. 중국공산당 지도자의 연설과 선전물 등에서 중화 민족의 부흥을 언급하는 사례가 늘어나는 것입니다. 위기에 처한 중국에 다시 생기와 활력을 불어넣자는 뜻인 "중화를 진흥시키자[振興中華]"

는 구호는 일찍이 근대 초기 쑨원이 즐겨 사용했고 덩샤오핑도 애용했습니다. 그런데 1993년 장쩌민 시절부터 "진흥 중화" 대신에 중화를 부활시키자는 "부흥 중화(復興中華)"라는 구호가 등장합니다. 부흥이란 화려한 과거가 있었는데 일시적으로 치욕을 겪었다는 것을 전제로 하여 다시 화려한 시절을 되살리자는 것입니다.

치욕을 상기시켜 중화 민족의 부흥을 강조하는 것과 더불어 중국공산당의 정체성에도 큰 변화가 일어납니다. 장쩌민은 2001년에 중국공산당의 두 가지 주요 역할로 치욕의 역사를 끝내는 것과 민족의 부활을 이루는 것을 제시합니다. 장쩌민에 이어 이듬해 집권한 후진타오는 2007년 당대회 연설에서 중화 민족의 위대한 부활을 당의 역사적 사명이라고 규정합니다. 중국공산당은 1921년 창당 이후 줄곧 중국인이 행복한 삶을 누리고 중화 민족의 위대한 부흥을 위한 역사적 사명에 용감하게 헌신해왔다는 것입니다. 여기서 중국공산당의 정체성이 변화했음을 실감하게 됩니다.

1990년대 이후 중국공산당은 이렇게 꾸준히 변하면서 이른바 시진핑의 '새 시대'에 이르렀습니다. 마오쩌둥 시대와 비교하면 중국공산당의 변화는 파격적입니다. 중국공산당은 이제 더는 프롤레타리아 계급 정당이 아닙니다. 장쩌민 시대에 이미 자본가의 입당을 허용한 사실에서 볼 수 있듯이, 이제 애국적인 중국인을 대표하는 정당이 되었습니다. 마오쩌둥 사회주의 시대에는 사회주의 이상 사회를 건설하는 데 중국이 앞장서는 것이 중국공산당의 정체성이었습니다. 그런데 이제 중국공산당은 중화 민족의 부흥을 위한 정당입니다.

물론 시진핑 같은 중국공산당 지도자들은 '인류 공동 운명체'를 거론하면서, 중국의 부흥이 미국을 중심으로 한 현 질서와는 다르게 인류에게 새로운 세계사를 열어줄 것이라고 말합니다. 어쨌든 중국공산당의 가장 중요한 정체성은 중국이 다시 부활하여 세계의 중심으로 복귀하는 것입니다.

　하지만 중국인과 중국공산당이 기대하는 그 꿈의 실현이 세계인에게는 어떤 의미가 있는지도 중요합니다. 중국의 미래는 세계의 미래와 깊이 연관되어 있기 때문에 그렇습니다.

3
시진핑은
마오쩌둥의 학생일까?

시 다다와 펑 마마

늘 마음은 산골 밭에서 무엇이 자라는지

늘 마음은 학교 다니는 아이들이 잘 있는지

신화먼(新華門)을 나서 이곳 시골로 오지요

웃음 띤 얼굴로 인민에게 다가가 말을 건네고

늘 도시로 간 농민이 무엇이 부족한지 관심을 갖고

늘 실직한 노동자가 잘 지내는지 걱정을 하고

……

시 다다, 시 다다, 우리 시 다다

하늘도 크고 땅도 크지만, 당신 마음속 중국의 꿈이 가장 크지요

〈시 다다(習大大)〉란 노래의 일부입니다. 시진핑 주석의 애칭이

'시 다다'입니다. '다다'란 시진핑의 고향인 산시(陝西) 사투리입니다. 아버지 연배나 그보다 나이가 많은 남성을 친근하게 부르는 말로, 우리말로는 아저씨라는 뜻입니다. 시진핑의 친서민 행보가 절정에 이른 2014년에 나온 노래입니다. 시진핑을 찬양하는 노래는 이 밖에도 많습니다. 〈시 다다는 펑 마마를 사랑해(習大大愛着彭麻麻)〉란 곡도 있습니다. '펑 마마(펑 아주머니)'는 시진핑 주석의 부인 펑리위안(彭麗媛)의 애칭입니다. 이 노래는 광장에서 집단으로 춤을 추는 중노년 여성들, 이른바 '다마(大媽)'들의 단골 춤곡이기도 합니다. 유명한 마오쩌둥 찬양가인 〈붉은 동방(東方紅)〉을 빗대어 〈붉은 동방이 다시 붉다(東方紅又紅)〉란 노래도 나왔습니다.

중국 정치 지도자 가운데 마오쩌둥 이후에 최고 지도자를 찬양하는 노래가 나온 것은 시진핑이 처음입니다. 이렇다 보니 우리나라를 비롯한 해외 언론에서 시진핑도 마오쩌둥처럼 개인숭배와 우상화 작업이 진행되고 있다는 보도가 잇따르고 있습니다. 특히 중국공산당이 주석 임기를 연임으로 제한하는 조항을 삭제하는 개헌을 한 뒤 시진핑을 마오쩌둥에 비유하곤 합니다. 마오쩌둥과 시진핑을 절묘하게 하나로 합성한 사진이 인터넷에 유행할 정도로 두 사람을 연결시키는 분석이 갈수록 많아지고 있습니다.

시진핑이 마오쩌둥처럼 될 것이라는 예측은 그가 차기 지도자로 유력하게 부상한 2010년 무렵부터 나왔는데, 주로 자유주의 지식인들과 중국공산당에 비판적인 지식인들이 그렇게 보았습니다. 여기에는 시진핑을 마오쩌둥의 학생이라고 보는 시각이 깔려 있습니다.

마오쩌둥 시대에 성장하면서 마오쩌둥의 사상과 행동 방식을 철저히 배운 세대라는 것입니다. 예를 들어 베이징 대학의 교수를 지냈으며 비판적인 지식인의 상징인 첸리췬(錢理群)은 시진핑 체제 출범이 예견되던 2011년에 "그들이 당시에 마오쩌둥의 홍위병이 었다는 것을 잊지 말아야 한다. 그들이 지금 마오쩌둥을 어떻게 평가하고, 입장이 어떤가와 상관없이 마오쩌둥이 그들의 성장 초기에 깊이 침투하여 내재화된 영향은 소홀히 할 수 없다."면서, 이들 중에는 "'작은 마오쩌둥'이 많다."고 지적했습니다.

마오쩌둥 시대의 시진핑

시진핑은 1953년생입니다. 1926년생인 장쩌민이나 1942년생인 후진타오와 달리 사회주의 중국이 수립된 1949년 이후, 이른바 '신중국' 이후 태어난 첫 번째 최고 지도자입니다. 이 무렵 태어난 세대는 대부분 홍위병이었습니다. 그런데 문화대혁명(이하 문혁)이 시작된 1966년에 13세였던 시진핑은 홍위병에 가담하지 않았습니다. 문혁 초기에는 주로 혁명 간부나 군인의 자제 등 이른바 혁명 가문의 자녀들이 홍위병이 됩니다. 그 이유는 복합적입니다.

그들은 우선 자기 부모가 피를 흘리며 이룩한 사회주의 공화국이 점점 타락해가고 있다고 우려했습니다. 순수했던 혁명가들이 점점 관료주의자로 타락해가고 부패가 되살아나기 시작한 것입니다. 더구나 전 중국을 동원해 빠르게 서구를 따라잡으려고 벌인 대약진운동(1958~1960)이 실패한 데다 1959년부터 1961년까지 3년 동안 자연재해가 겹치면서 수천만 명이 죽는 비극이 일어납니다. 그러면서 공산당의 통치가 흔들리고 사회주의에 대한 믿음도 흔들리는 위기가 찾아옵니다. 이 무렵 동유럽 사회주의 국가에서는 민주화 운동이 일어나기도 했습니다. 내우외환의 상황에서 중국 사회주의는 위기에 처합니다. 중국이 다시 자본주의나 봉건주의 사회로 되돌아갈지도 모른다는 우려가 나오기 시작합니다. 이것은 원래 마오쩌둥의 우려였는데, 마오쩌둥이 이를 청년 세대에게 전달하자, 청년들이 그 우려를 해소할 주인공을 자임하면서 혁명 가문 출신을 중심으로 홍위병이 되어 나섭니다.

이렇게 문혁이 시작되던 때, 시진핑은 원로 혁명가였던 아버지 시중쉰(習仲勳)이 1962년 10월 반당(反黨) 활동을 했다는 혐의로 모든 직책에서 해임되고, 1965년에는 뤄양(洛陽)의 한 기계 공장으로 쫓겨납니다. 시진핑은 자랑스러운 혁명 간부의 후손에서 하루아침에 부끄러운 반당 분자의 아들로 추락합니다. 홍위병조차 될 수 없었던 것입니다. 그런데 시진핑은 다른 방식으로 마오쩌둥의 학생이 됩니다. 16세이던 1969년에 '지식 청년(知識靑年)'이 되어 산시성의 산골로 간 것입니다.

당시 산골로 간 지식 청년은 대부분 홍위병 출신이었습니다. 문혁 초기에 홍위병이 된 중·고등학생, 대학생, 심지어 초등학생까지 마오쩌둥의 강력한 지지를 등에 업고 봉건주의·자본주의·수정주의를 타도하기 위해 나섭니다. 많은 교사와 학자, 지식인, 국가 지도자가 자본주의 우파나 봉건주의자라는 이름으로 비판을 당하고 죽임을 당하기도 합니다. 공자의 무덤을 비롯해 수많은 역사 유적도 봉건주의를 타도한다는 명분으로 파괴됩니다. 중국은 무법천지가 되어 국가의 기능이 마비되고 학교와 직장, 공장도 문을 닫게 됩니다. 더구나 홍위병이 여러 파벌로 나뉘고 파벌 간에 권력 투쟁이 벌어지기도 합니다.

이렇게 걷잡을 수 없는 혼란이 일어나자 마오쩌둥과 중국공산당은 수습책을 내놓는데 그 가운데 하나가 청년들을 농촌으로 보내는 것이었습니다. 마오쩌둥은 1968년 12월 22일 《인민일보》에 "지식 청년들이 농촌으로 가서 빈농에게 재교육을 받는 것이 매우 필요하다."는 지시를 내립니다. 이를 본 시진핑은 바로 학교에 가서 신청을 합니다. 이때 홍위병을 포함해 3000만 명의 도시 학생들이 농촌과 산골로 떠나게 됩니다. 이 상산하향(上山下鄕) 운동은 1955년부터 시작되었는데, 문혁 시기에 절정에 이릅니다.

시진핑은 홍위병은 아니었지만 지식 청년들 대열에 끼어 부친의 고향인 산시의 두메산골 마을로 가게 되고, 여기서 7년 동안 갖은 고생을 합니다. '반동의 자식'이라는 불명예를 짊어지고서 농촌으로 가서, 벼룩 떼 속에서 잠을 자고 거친 잡곡을 먹으면서 농사일을 합니다. 농민과 하나가 되어 농민에게서 재교육을 받아야 진정한 지식인이 된다는 마오쩌둥의 가르침을 누구보다도 충실히 따르는 모범 학생이었던 것입니다.

지식 청년 세대 시진핑의 등장

시진핑은 '지식 청년 세대'입니다. 물론 지식 청년 가운데 시진핑처럼 홍위병 경험이 없는 사람도 있지만, 대부분은 홍위병이어서 중국에서는 이들을 홍위병 세대라고 부르기도 합니다. 2012년에 시진핑과 함께 중국공산당 18기 중앙정치국 위원에 선출된 25명의 평균연령이 62세였습니다. 두 명을 제외하고는 사회주의 중국 수립 직전이나 그 이후에 태어난 사람들로, 시진핑과 거의 동년배였습니다. 마오쩌둥 시대에 성장하면서 마오쩌둥의 글을 달달 외우고 마오쩌둥 찬가를 부르며, 스스로 홍위병이 되어 마오쩌둥 사상을 실천하고 지식 청년이 되어 농민과 동고동락한 세대인 것입니다.

지식 청년이란 신분으로 산골에서 7년 동안 농민과 동고동락한 시절이 시진핑에게 어떤 영향을 미쳤을까요? 그 시절 경험에 대한 시진핑의 회고입니다.

나에게 가장 큰 수확이 두 가지 있었다. 첫째는 무엇이 현실이고, 실사구시가 무엇이며, 대중이 누구인지를 알게 된 것이다. 둘째는 자신감을 키운 것이다. 속담에 '칼은 돌에 갈고 사람은 고난에 단련된다'는 말이 있다. 고난이 한 사람의 의지를 단련시키기에 충분했다.[7]

시진핑처럼 농촌으로 내려가 갖은 고생을 한 3000만 중국 청년이 모두 그 고생을 긍정적으로 기억하고, 그 시절이 자신을 단련시켜서 오늘의 자신이 있다고 말하는 것은 아닙니다. 오히려 많은 사람은 그 시절을 끔찍하게 기억합니다. 이념 속에서 그리던 사회주의 이상향과 비극적인 중국 현실을 비교하는 기회가 되면서 사회주의에 대한 믿음을 포기하는 계기가 되기도 했습니다.

이런 사람들 중에는 개혁개방이 추진된 이후 자유주의자로 변신하기도 했습니다. 중국 지식인 사회에서 자유주의자로 분류되는 사람들 중에는 과거 홍위병으로 활약했던 사람이 꽤 많습니다. 처음에는 홍위병에 가담하고 나중에는 지식 청년으로 농촌의 현실을 직접 목도한 뒤, 사회주의에 대한 신념을 버리고 서구 자유주의에서 출구를 찾은 것입니다. 이런 자유주의 지식인들과는 달리 시진핑은 마오쩌둥 시대의 어두운 현실을 보면서도 마오쩌둥의 정신을 버리지는 않는 선택을 합니다.

시진핑은 개혁개방 이후 중국을 이끈 지도자 가운데 마오쩌둥을 가장 자주 언급하면서 되살리는 지도자입니다. 그는 중국공산당 주석이 된 이후 처음으로 열린 최고 지도자들의 스터디 모임인 '중앙정치국 집단 학습'에서 새로 출범한 중앙정치국원들을 모아 놓고 "마오쩌둥 사상을 잃는 것은 근본을 잃는 것"이라고 말했습니다. 그뿐만 아니라 마오쩌둥의 어록과 시도 자주 인용합니다.

2012년 시진핑이 '중국의 꿈'을 처음 언급한 연설에서도 마오쩌둥의 "험한 요새가 철벽같다〔雄關漫道眞如鐵〕"라는 시구와 "인간 세상의 바른 길은 상전벽해여라〔人間正道是滄桑〕"라는 구절을 인용합니다. 중국이 온갖 어려움을 이겨내고 상전벽해와 같은 중화 민족의 부활을 반드시 이루겠다는 의지를 표현하면서 마오쩌둥의 시구를 인용한 것입니다. 2014년 2월 미국을 방문하여 워싱턴에서 중국 유학생들을 만나서는 "여러분은 아침 8, 9시의 태양이다."라는 마오쩌둥의 말로 격려합니다.

마오쩌둥에 대한 평가도 적극적입니다. 2013년 12월 마오쩌둥 탄생 120주년을 맞아 시진핑은 마오쩌둥 기념관을 방문하여 마오쩌둥의 잘못을 지적하는 데 신중해야 한다고 말합니다. 마오쩌둥 말년의 잘못에는 개인의 책임도 있지만 복잡한 국내외적 요인도 있기 때문에 총체적이고 역사적으로 대해야 한다면서 역사적 상황을 벗어난 채 평가하지 말아야 한다고 말합니다. 시진핑은 마오쩌둥 사상 가운데 유효한 것을 '살아 있는 영혼'이라고 표현하면서, 그것을 세 가지로 압축합니다. 첫째는 실사구시의 정신이고 둘째는 대중노선, 셋째는 중국을 자주독립국가로 만든 것입니다. 2016년 2월에는 중국공산당 각급 당위원회에 마오쩌둥이 1949년에 내린 당위원회 업무 방법에 대한 지시를 학습하라고 요구하기도 했습니다. 중국공산당 간부들이 70여 년 전에 발표된 마오쩌둥의 글을 읽고 공부하는 일이 벌어진 것입니다.

중국을 일으킨 마오쩌둥, 강한 중국을 만든 시진핑

중국 밖에서는 주로 시진핑이 개헌을 통해 종신 주석의 길로 들어섰다는 차원에서 마오쩌둥과 시진핑을 일치시키지만, 중국인들이 마음속에서 두 사람을 나란히 세우는 데는 다른 이유가 있습니다. 어쩌면 중국인에게는 가장 중요한 이유일 수도 있습니다. 중국을 미국에 맞서는 세계 강국으로 만들었다는 차원에서 마오쩌둥과 시진핑을 동시에 높이 평가하는 것입니다. 중국인을 만나서 마오쩌둥, 덩샤오핑, 시진핑을 비교하여 평가해달라고 하면 흔히 이렇게 말합니다.

"마오쩌둥은 중국을 일으켰고(讓中國站起來), 덩샤오핑은 중국을 부유하게 만들었고(讓中國富起來), 시진핑은 중국을 강하게 만들었다(讓把中國强起來)."

중국인에게 마오쩌둥은 서구에게 침략당한 굴욕을 청산하고 중국을 다시 일으켜 세웠을 뿐만 아니라 한국전쟁에서 미국과 대등하게 맞서면서 중국의 자존심을 세운 지도자입니다. 더구나 소련과 대립할 때는 소련을 사회주의를 배반한 국가로 폄하하면서 세계에서 진정한 사회주의를 실현하는 유일한 국가라는 자부심을 갖기도 했습니다. 이런 차원에서 보면 중국인에게 마오쩌둥은 민족의 영웅입니다.

하지만 결과적으로 보면 마오쩌둥은 반쪽 영웅입니다. 중국을 외국의 침략에서 구하고 강한 나라를 만들기는 했지만, 부유하게 만들지는 못했기 때문입니다. 그런데 시진핑은 지금 중국을 부유하면서도 강한 나라로 만들고 있습니다. 그것도 중국 가치와 문화, 고유의 제도를 바탕으로 중국의 길을 가면서 말입니다. 이것이 중국인들이 자발적으로 마오쩌둥에 이어서 '시 다다' 찬양가를 만들고 노래 부르는 배경입니다. 외국에서는 시진핑 우상화라고 비판하지만, 중국의 민심은 이런 상황입니다.

그런데 시진핑이 아무리 마오쩌둥에 애착을 가지고 있고 정치적 욕망이 비슷하다고 하더라도 두 사람 사이에는 중요한 차이가 있습니다. 중국 최고 지도자로서 자신의 정체성을 어떻게 규정할 것인지 그리고 각자 구상하는 중국의 모습은 어떤 것인지 하는 점에서 두 사람이 서로 다릅니다. 시진핑이 마오쩌둥을 다시 불러들이고는 있지만 마오쩌둥 시대와 같은 중국을 꿈꾸고 있는 것은 아닙니다. 마오쩌둥이 구상한 중국과 시진핑이 구상하고 있는 중국 사이에는 중요한 차이가 있습니다. 무엇보다 중국의 미래와 부활의 청사진이 다릅니다.

프롤레타리아를 중심에 둔 마오쩌둥

시진핑과 마오쩌둥의 차이를 우선 두 사람의 언어에서 찾아보겠습니다. 마오쩌둥 선집을 읽어보면 그가 무척 쉬운 말을 사용하는 것을 알 수 있습니다. 중국어에 서툰 외국인이라도 사전만 있으면 해독이 가능할 정도입니다. 복잡한 수식어도 거의 없고 문장 구조도 단순합니다. 간결하게 핵심 의미를 전달합니다. 속담을 사용하기도 하지만, 중국인이라면 누구나 아는 흔한 속담입니다.

마오쩌둥이 혁명을 할 당시 전체 중국 인구 가운데 90퍼센트가량이 문맹이었고 농민 대부분도 문맹이었습니다. 그러다 보니 마오쩌둥 자신은 물론이고 중국공산당 간부와 정치인, 지식인에게 말을 하고 글을 쓰기 전에 자신이 누구에게 말을 하는지 생각하고, 그 대상이 알아들을 수 있는 말을 하라고 강조했습니다.

마오쩌둥은 이런 생각을 '쇠귀에 경 읽기'라는 속담을 예로 들어 중국공산당 간부들에게 전합니다. 우리나라에서는 '우이독경(牛耳讀經)'이라고 하지만 중국에서는 '대우탄금(對牛彈琴)', 즉 '쇠귀에 거문고 타기'라고 합니다. 마오쩌둥은 〈당내의 팔고(八股) 경

향에 반대한다〉라는 글에서, 이 속담은 소를 모독하는 것이라고
지적합니다. 잘못은 거문고 소리를 알아듣지 못하는 소에게 있는
것이 아니라 소가 알아듣지 못하는 거문고를 타는 사람에게 있다
는 것입니다. 마오쩌둥은 소에게 말을 하려면 소가 알아들을 수 있
도록 소의 언어로 말하라고 합니다. 지식인 출신 간부들의 형식주
의를 비판한 것입니다.

마오쩌둥이 당 간부나 지식인이 글을 쓰면서 젠체하는 것에 신
경질적인 반응을 보인 것도 같은 맥락에서였습니다. 마오쩌둥은
어느 날 중국공산당 점령지인 옌안(延安)에서 성벽에 붙은 표어 가
운데 사람 인(人) 자를 보고서 화를 냅니다. 그냥 '人'이라고 쓴 것이
아니라 인(人) 자와 여덟 팔(八) 자를 구분하려는 뜻으로 '人' 자 오
른쪽 삐침에 선을 두 번 그어놓은 것 때문이었습니다. 마오쩌둥은
저 글자를 쓴 사람은 틀림없이 글을 좀 배운 사람일 것이라면서,
인민대중 앞에서 자기 지식이나 뽐내는 사람이라고 비판합니다. 이
런 생각을 지닌 마오쩌둥이었기 때문에 자신은 평범한 중국인의 언
어로 누구보다도 쉽고 분명하게 글을 쓰고 연설을 했습니다.

마오쩌둥이 인민대중의 언어로 인민대중이 알아들을 수 있는
말을 하라고 강조한 것은 평생 지녔던 지식인에 대한 뿌리 깊은 불
신의 표현이기도 합니다. 근본적으로는 마오쩌둥이 구상하고 설계
한 중국의 모습과 관련이 있습니다. 마오쩌둥은 노동자와 농민이
중심이 되는 사회주의 중국을 설계했고 무엇보다 중국 전통 사상
을 사회주의 이념에 따라 철저히 해체했으며, 특히 유교를 비롯한
전통 사상에 몹시 비판적이었습니다. 마오쩌둥이 설계하는 중국에

는 유교나 공자가 없었고, 지식인 계층은 노동자·농민에게 배우고 자신을 개조하여 새롭게 태어나야 할 계층이었습니다.

중국의 부활을 꿈꾸는 시진핑

마오쩌둥과 비교하면 시진핑은 어떨까요? 시진핑의 연설문은 역대 중국공산당 지도자의 연설문 가운데 가장 어렵습니다. 고전을 자주 인용하기 때문입니다. 《논어(論語)》와 같은 경서 구절은 물론이고 역대 시인의 시와 산문도 자주 등장합니다. 시진핑이 인용한 고전 문구를 따로 모아서 해설하는 책이 여러 권 출판될 정도입니다. 인용하는 고전의 수준도 매우 높습니다. 일반인들이 다 아는 것도 있지만, 관련 전공자만 아는 시의 구절도 꽤 많습니다. 마오쩌둥이 시진핑의 연설문을 읽었더라면 분명히 비판했을 겁니다. 인민대중이 알아들을 수 있는 말을 사용하지 않고 배운 티를 낸다고 말입니다.

시진핑은 왜 이렇게 중국 고전을 많이 인용할까요? 시진핑 자신의 정체성과 구상하고 있는 중국의 미래 청사진 때문입니다. 시진핑이 취임 이후 가장 많이 강조하는 것은 중화 민족의 부흥입니다. 마오쩌둥이 전통 중국과 단절함으로써 새로운 중국을 건설하려고 했다면, 시진핑은 전통 중국과 연계함으로써 과거 중국이 누렸던 영광을 재현하겠다고 말합니다. 그래서 시진핑은 중국 전통문화의 우수성을 강조하면서 전통문화를 발전시키는 것이 중화 민족 부흥을 위한 필수 조건이라고 자주 말합니다.

중화 민족은 깊고 두터운 문화적 전통을 지니고 있고, 특징적인 사상 체계를 지니고 있으며, 중국인이 수천 년 동안 쌓은 지식과 지혜, 이성적 사유 능력을 지니고 있다. 이것은 우리의 독특한 장점이다. 중화 문명은 우리 국가와 민족정신의 혈맥을 잇고 있다.(2016년 5월)

중화의 우수한 전통문화를 발굴하고 해석하는 노력을 강화하여 중화 민족의 가장 기본적인 문화 유전자와 현대 문화를 서로 조화시키고, 현대사회와 부합하게 만들어 시공의 경계를 넘고, 국가의 경계를 넘어 영원한 매력을 지니고 현대 가치를 지닌 문화 정신으로 드높여야 한다.(2016년 5월)

시진핑 집권 이후 국영방송사인 CCTV와 공산주의청년단의 기관지인 《중국청년보》 등 중국 언론은 시진핑을 '중국 전통문화의 대변인'으로 소개하는 기사를 잇달아 내보냅니다. 중국 최고 지도자가 시진핑처럼 중국 전통문화의 대변인으로서 정체성을 내세운 적은 없습니다. 마오쩌둥이 중국 인민의 대변인이었다면 시진핑은 중국 전통문화의 대변인입니다. 이런 정체성을 바탕으로 시진핑은 전통 중국의 영광을 오늘에 부활시키겠다는 꿈을 꿉니다. 전통 중국과 오늘의 중국을 연결시키고 전통문화를 되살려 중국의 꿈을 실현하겠다고 합니다.

이런 시진핑의 정체성과 중국의 미래에 대한 구상은 중국 지식인에 대한 새로운 요구로 이어집니다. 시진핑은 마오쩌둥을 기념하는 자리에 자주 참석합니다. 2014년 10월에는 베이징에서 문학과 예술 창작인을 모아서 좌담회를 개최합니다. 이것은 마오쩌둥이 흔히 쓰던 방식입니다. 사회주의혁명 기간인 1942년에 마오쩌둥은 옌안에서 문학과 예술 창작인을 모아 좌담회를 열고 연설을 합니다. 유명한 '옌안 문예좌담회 연설'입니다. 이 자리에서 마오쩌둥은 작가와 지식인이 깨끗한 인민과 결합하여 자신을 개조하라고 요구합니다.

그런데 시진핑은 마오쩌둥처럼 지식인이 인민과 결합할 것을 더는 요구하지 않습니다. 대신에 그는 작가들에게 "모든 시대마다 그 시대의 정신이 있다."면서 시대정신을 이해하라고 강조합니다. 그 시대정신이란 바로 중국의 꿈의 실현, 중화 민족의 부흥입니다. 그는 중국의 꿈을 실현하기 위해서는 중국의 길을 가야 하고, 중국 정신을 드높여야 하고, 중국의 역량을 결집시켜야 한다면서 이러한 시대정신을 실천할 것을 작가들에게 강조합니다.

마오쩌둥이 지식인에게 농민에게서 배울 것을 요구한 것에 비해, 시진핑은 중국의 꿈을 실현하기 위해 중국 고유의 가치와 정신문화를 발굴해 국가 의식과 민족의식을 가지고 중국의 꿈을 실현하는 데 노력해줄 것을 요구한 것입니다.

마오쩌둥은 인민대중에 바탕을 둔 사회주의 강국을 만들어 중국을 세계의 중심에 복귀시키려 했습니다. 그런 마오쩌둥에게 중국 전통은 봉건적인 것이자 청산해야 할 부정적 유산으로 여겨졌습니다. 이에 비해 시진핑은 중국 전통 문명에 바탕을 두고, 중국 고유의 가치와 문화 그리고 중국이 오랜 역사 동안 걸어온 길을 바탕으로 새로운 문명국가를 건설하여 세계 중심 국가가 되고자 합니다. 이렇게 두 사람이 꿈꾸는 중국의 모습은 다릅니다. 두 개의 서로 다른 중국입니다. 하지만 중국을 세계의 중심 국가로 만들고자 하는 중화 민족주의 차원의 꿈과 열망은 같습니다. 이것이 많은 중국인이 마음속에서 마오쩌둥과 시진핑 두 사람을 나란히 민족 영웅으로 세우고 있는 이유입니다.

4
공자를 죽이고
살리는 뜻은?

공자 무덤을 파라

한때《공자가 죽어야 나라가 산다》[8]는 책이 인기몰이를 하던 시절이 있었습니다. 과거에는 보수적인 학자나 정치인, 지식인, 장년, 노년층이 주로 공자와 유교를 읽었습니다. 그런데 이제는 진보적이라고 생각하는 층까지 공자를 읽습니다. 공자와 유교 사상은 변하지 않았는데 시대와 그에 따른 우리의 생각이 달라져서 공자를 죽이거나 살리는 일이 반복되곤 합니다.

중국에서도 마찬가지입니다. 중국 작가 위화(余華)는 마오쩌둥 시대 중국과 지금 중국 사이에는 거대한 격차가 있다고 지적하면서, 마오쩌둥 시대가 하나의 극단이었다면 지금 역시 극단이라고 말합니다. 극단적인 억압의 시대에서 극단적인 방탕의 시대로, 양극단을 오가고 있다는 것입니다.[9] 두 시대 모두 비정상이라고 보는 것입니다.

공자에 대한 평가도 극단적 편향을 잘 보여줍니다. 마오쩌둥 시대가 공자를 비판하는 비공(批孔)이었다면 지금 중국은 공자를 떠받드는 존공(尊孔)의 극단을 오가고 있습니다. 마오쩌둥 시대에 공자는 비판과 부정의 대상이 되면서 가장 치욕적인 세월을 보냈습니다. 그런데 최근 들어 공자는 중국 정부와 중국공산당에게는 물론이고 중국인에게도 존경을 받는 대상이 되었습니다. 공자의 화려한 부활입니다.

마오쩌둥 시대에 공자가 어떤 대접을 받았는지 알 수 있는 상징적인 장면을 하나 볼까요? 문화대혁명(이하 문혁)이 일어난 1966년 겨울이었습니다. 그해 11월 29일, 공자의 고향인 산둥성 취푸(曲阜)에 있는 공자 무덤 주위로 사람들이 몰려들었습니다. 공자의 무덤을 파내려고 베이징과 인근 지역 홍위병들이 몰려든 것입니다. 물론 역사적인 현장을 보려고 구경꾼도 몰려들었습니다. "공가점(孔家店)[10]을 타도하자!" "공자 무덤을 파내라!" "공가네 둘째 아들을 불태워버려라!"[11] 요란한 구호 속에서 공자 무덤 앞에 세워진 비석에 줄을 묶고는 양쪽에서 당겼습니다. '대성지성문선왕(大成至聖文宣王)'이라고 적힌 비석이었습니다.

'대성지성문선왕'이란 말 그대로 고대 성현의 학문을 집대성한 최고의 성인이 바로 공자란 뜻입니다. 공자는 당나라 때 문선왕으로 봉해져서 추앙받았습니다. 중국 역사를 통틀어 최고의 찬사를 받은 셈입니다. 그런 의미를 담은 공자의 비석이 홍위병과 농민 손에 쓰러지면서 제단에 부딪혀 두 동강 났습니다. 부러진 비석을 다시 망치로 조각낸 홍위병들은 공자와 공자 후손의 무덤을 하나하나 파헤치기 시작했습니다.[12] 그렇지만 2000년 전에 죽은 공자 무덤에서는 아무것도 나오지 않았습니다.

혹시 취푸의 공자 무덤을 찾을 기회가 있다면 무덤 앞에 서 있는 '대성지성문선왕'이란 비석을 유심히 보기 바랍니다. 비석 중간에 금이 간 흔적을 발견할 수 있을 겁니다. 홍위병이 깨부순 비석을 다시 맞춘 흔적입니다. 광란의 역사가 남긴 상처입니다.

신문화운동 시기의 공자 비판

중국에서 유교는 한(漢)나라 때부터 거의 국교였습니다. 그런데 왜 마오쩌둥 시대에는 타도의 대상이 되었을까요? 사실 공자의 불행한 운명은 마오쩌둥 시대 이전인 1915년 신문화운동 때부터 시작되었습니다. 신문화운동이란 말 그대로 중국의 옛 문화인 공자의 사상과 유교 문화를 버리고 새로운 문화인 서구 문화를 받아들이자는 운동입니다.

신문화운동이 나타난 것은 아편전쟁 이후 맞은 위기에서 서양 무기도 수입하고 공화제 국가인 중화민국도 세웠지만 위기가 해소되기는커녕 갈수록 악화되었기 때문입니다. 서구와 일본의 침략은 계속되고 중국은 사분오열되었습니다. 이런 상황이 중국 지식인을 다시 자성으로 이끌었고, 이 과정에서 서구가 강력한 힘을 지니게 된 근본 원인을 검토하기 시작합니다. 그 결과 중국과 다른 제도 때문만이 아니라 넓은 의미의 문화, 즉 서구의 사상과 도덕,

가치관, 생활 습관 등에 근본 원인이 있다고 생각하게 됩니다.

그래서 문화를 새롭게 바꾸는 운동이 시작됩니다. 유교에 기반을 둔 중국 전통문화와 사상을 바꾸어야 중국인이 바뀌고, 중국인이 바뀌어야 중국 정치와 사회가 바뀌어서 새로운 중국을 만들 수 있다고 본 것입니다. 대표적인 중국 전통 가치와 사상, 즉 유교 사상을 버리고 서구의 현대 사상과 가치, 문화를 배우려고 합니다. 당시 중국 지식인들이 서구 근대정신의 핵심이라고 파악한 민주주의와 과학을 바탕으로 이루어진 신문화로 중국 문화를 바꾸어야 중국이 위기에서 벗어날 수 있다고 생각한 것입니다.

신문화운동이 제기되면서 공자가 타도의 대상이 됩니다. 당시 개혁을 지향하는 중국 지식인들은 공자와 유교 사상을 현대 (modern)와 대립하는 것으로 여겼습니다. 중국을 현대 국가로 바꾸기 위해서는 서구의 사상을 받아들여야 하는데, 유교가 장애물이 된다고 본 것입니다. 문혁 때 홍위병들이 외친 "공가점 타도"라는 구호도 이때 나온 것입니다. 신문화운동의 지도자인 천두슈 (陳獨秀)를 비롯한 당시 개혁파 지식인들은 서구가 발전한 것은 개인의 가치를 존중하고 민주주의와 과학의 정신을 지니고 있기 때문이고, 이들 가치는 유교에는 없는 것으로 유교와 양립할 수 없다고 생각했습니다. 사실 공자의 사상과 유교는 임금과 신하, 아버지와 아들, 어른과 아이 사이의 수직적인 등급 질서를 중요하게 여긴다는 점에서 민주주의와는 거리가 멀었습니다. 신문화운동 시기에 중국 지식인은 이러한 한계에 주목하고 공자 타도를 외친 것입니다.

당시 작가 루쉰은 소설 〈광인일기(狂人日記)〉에서 유교가 강조하는 인의도덕의 본질은 사람을 잡아먹는 식인의 윤리라고 외쳤습니다. 학자 우위(鳴虞)는 등급 질서에 바탕을 두고서 효도를 강조하는 유교의 가족제도가 군주에 대한 충성을 강조하는 봉건 전제주의의 토대라고 주장했습니다. 당시 중국 지식인과 학생, 청년은 서구와 같은 현대 국가를 세우는 것이 목표였기 때문에 전통 중국의 상징인 유교를 버리고자 했습니다. 유교는 현대적 가치가 전혀 없는 사상이라고 생각한 것입니다. 새로운 현대 국가를 상상하는 것과 공자 비판이 맞물려 있었던 것이지요.

마오쩌둥 시대의 공자 비판

신문화운동 시기에 주로 지식인 중심으로 전개되던 공자 비판이 국가와 전체 국민 차원으로 확대된 것은 사회주의 정권이 들어서고 나서입니다. 특히 문혁 때 확대됩니다. 그런데 이때는 비판의 초점이 이전과 달라집니다. 신문화운동 시기에는 민주주의와 개인의 가치 존중이라는 현대 서구의 가치 차원에서 공자를 비판했지만, 사회주의 정부가 들어선 이후에는 크게 두 가지 차원에서 공자를 비판합니다. 첫째, 계급적 시각에 따라 노동자와 농민의 입장에서 공자가 지배 계층을 대변하고 있다고 본 것입니다. 둘째, 공자와 공자 사상을 춘추전국시대라는 특정 시대의 산물로 보고 그 시대적·역사적 한계를 비판하면서 '반동 사상가'인 공자에게는 현재나 미래를 위한 가치가 없다고 본 것입니다.

사회주의 국가가 세워지기 이전에 마오쩌둥은 공자 사상이 지닌 공과 과를 모두 지적했지만 이후 점차 비판 쪽으로 기울고, 비판의 강도도 세집니다. 그러다가 문혁이 일어나면서 극에 이릅니다. 마오쩌둥이 공자를 비판하는 주요 관점은 다음과 같습니다. 첫째, 공자는 비민주적이다. 둘째, 공자는 농사를 짓거나 노동하는 사람은 안중에 없고 무시한다. 셋째, 공자는 노예 주인과 귀족을 대변한다. 넷째, 과거를 중시하고 현재를 경시한다. 다섯째, 공자보다는 진시황이, 유가보다는 법가가 더 중요하다.[13)

  마오쩌둥의 관점이 사실 새로운 것은 아닙니다. 일부 중국 철학자, 특히 마르크스주의 철학자도 공자 사상이 지닌 이러한 한계를 지적합니다. 잘 알다시피 공자는 주나라의 신분제가 붕괴되어가고 소인이 새롭게 등장하는 사회적 전환기에 살았습니다. 공자는 이런 위기를 극복하고자 붕괴되어가는 전통 질서를 어떻게 회복할 수 있을지 고민했습니다. 때문에 공자의 관심은 당연히 다스리는 역할을 하며 '정신노동을 하고(勞心)' 세상을 지배할 책임을 가진 군자에게 있었고, 다스림을 받고 '육체노동을 하는(勞力)' 소인에게는 관심이 없었습니다. 더구나 공자는 수직적 등급 질서를 확고히 하는 것이 세상을 바로 세우는 방법이라고 여겼습니다. 이런 공자에게서 민주 의식이나 노동하는 사람을 중시하는 의식을 찾기란 불가능합니다. 지식인이 중심이었던 공자 시대의 한계입니다.

  물론 지금은 공자가 말하는 군자를 두고 덕을 갖춘 사람이라고 일반화해서 해석하고 이 차원에서 공자 사상의 가치를 인정하지만, 적어도 공자 사상이 탄생할 때 공자가 가진 문제의식과 사회

배경은 달랐습니다. 그러니 공자 사상은 사회주의 이념과 맞지 않을 수밖에 없습니다. 그래서 사회주의 정부가 수립되고 마르크스주의가 중국의 국가 이데올로기가 된 이후에 나온 중국 철학 연구에서도 대개 마오쩌둥과 유사한 관점에서 공자 사상의 한계를 지적했습니다.

공자 비판이 마오쩌둥 개인이나 학계 차원을 넘어 대중운동의 형식으로 중국 사회에 널리 퍼진 계기는 문혁입니다. 문혁의 중요 목표 가운데 하나는 '네 가지 낡은 것을 타도하는 것〔破四舊〕'입니다. 네 가지 낡은 것이란 '낡은 사상〔舊思想〕, 낡은 문화〔舊文化〕, 낡은 풍속〔舊風俗〕, 낡은 습관〔舊習慣〕'입니다. 중국인을 사회주의 사상과 문화, 풍속, 습관으로 개조하기 위해서는 봉건주의나 자본주의의 사상과 문화, 풍속, 습관을 청산해야 한다는 논리였습니다. "파괴 없이는 건설도 없다〔不破不立〕"는 문혁 시절의 구호가 말해주듯이, 새로운 사회주의 문화와 사상을 건설하기 위해서 전통 사상의 상징인 공자가 타도 대상이 된 것입니다. 공자 무덤도 파헤쳐지고, 관우 사당과 관우상도, 불교 사찰과 부처상도 훼손됩니다.

마오쩌둥 사상의 절대 권위를 확립하기 위해서 공자를 철저히 타도하고, 공자상을 불사르고, 공자 무덤을 파헤치고, 공자를 추종하는 무리를 색출하고, 공자를 추모하는 반동적인 학술 권위자들을 길거리로 끌어내라![14]

1966년 11월 7일 공자 무덤을 파내러 떠나기 전에 베이징 사범

대학 홍위병들이 쓴 〈공자를 불살라라―공자 토벌 격문[火燒孔家店―討孔檄文]〉의 일부입니다.

마오쩌둥 우상화가 심해질수록 공자는 더욱더 비판의 대상이 되어갔고, 그 절정이 마오쩌둥의 정적이었던 린뱌오(林彪)[15]와 공자를 한데 묶어 비판한 이른바 '린뱌오 비판, 공자 비판[批林批孔]' 운동입니다. 사실 공자와 린뱌오 사이에는 아무런 공통점이 없었습니다. 그런데도 마오쩌둥은 린뱌오를 역사가 진보하는 반대편에 선 인물이자 반동적인 전통 사상의 후계자로 지목했습니다.[16] 또한 린뱌오처럼 공자 역시 중국이 노예제에서 봉건제로 발전해가는 시기에 노예 주인의 편에 서서 기존 지배 체제를 옹호했기 때문에 역사 진보의 흐름에서 반대쪽에 섰다고 보았습니다. 그런가 하면 마오쩌둥은 공자와 린뱌오를 한편에 두고, 자신과 진시황을 다른 한편으로 삼아 비판하기도 했습니다.

> 린뱌오는 나를 진시황이라고 욕했습니다. 중국에는 역대로 두 개 분파가 있습니다. 하나는 진시황이 좋다고 말하며, 다른 하나는 진시황이 나쁘다고 말합니다. 나는 진시황을 찬성하고 공자를 찬성하지 않습니다.[17]

'린뱌오 비판, 공자 비판' 운동은 마오쩌둥이 발동한 정치 운동이자 대대적인 국민교육 정책이기도 했습니다.

> 공자와 린뱌오는 노동인민을 능멸했다. 공자는 통치자는 대의를 알

지만 노동인민은 그저 작은 이익만 알 뿐이라고 했다. 린뱌오는 그를 따라서 백성은 그저 농사짓는 것과 일하면서 땀 흘리는 것만 알 뿐이라고 했다.

당시에 중국인에게 널리 유포된 공자와 린뱌오를 비판하는 만화 가운데 일부 내용입니다. 이런 비판이 당시 국민교육의 핵심 내용이었습니다. 중국공산당은 공자와 린뱌오를 비판하는 글을 연일 신문에 싣는가 하면, 만화와 동화, 포스터 그리고 학교교육을 통해서 대대적인 비판 운동을 벌였습니다. 특히 어린이 교육용 그림책의 단골 주제가 공자 비판이었고, 유명한 작가인 바진(巴金)도 자의 반 타의 반으로 공자를 비판하는 어린이용 그림책을 쓰기도 했습니다.

문혁 때 학생들로 이루어진 홍위병들이 격렬한 공자 비판 운동에 나선 것은 문혁이 기성세대와 문화를 비판하는 일종의 '아버지 타도' 투쟁의 성격을 지닌 것과도 관련이 있습니다. 기성세대와 문화를 옹호하는 이론과 가치의 상징이 공자와 유교라고 생각하고 공자를 불태우라고 외친 것입니다. 문혁 시기에 성장기를 보낸 중국인의 무의식에 공자에 대한 반감이 자리하고 있는 것은 어려서부터 귀에 못이 박히도록 공자 비판 교육을 받았기 때문입니다.

한편으로는 문혁 때 벌어진 공자 비판 운동 때문에 중국 사회를 지배해온 위계질서가 크게 약화되었다고 말하기도 합니다. 우리와 중국은 같은 유교 문화권이지만, 위계질서로 보자면 우리가 훨씬 엄하고 중국은 우리보다 자유스럽습니다. 중국은 우리보다 나이 많은 사람이나 지위가 높은 사람을 좀 더 스스럼없이 대하는데, 이 것이 공자 비판 운동의 영향이라고 말하는 것입니다.

마오쩌둥 시대의 공자 비판을 어떻게 볼 것인가?

마오쩌둥 시대의 공자 비판을 어떻게 평가할 수 있을까요? 군자는 마음을 쓰는 사람이고 소인은 힘을 쓰는 사람이라는 공자와 유교 의 정의에 따르자면, 마오쩌둥 시대는 소인이 나라의 주인이 된 시 대입니다. 공자는 군자를 중심으로 자기 사상을 펼친 사람이어서 마오쩌둥 시대에 비판 대상이 된 것은 당연한 이치일 수 있습니다. 하지만 공자 비판 운동의 공과는 따져볼 필요가 있습니다.

공자 사상의 핵심은 군주 모시기(事君)와 부모 모시기(事父母)에 있고, 공자는 이를 위해 정치인이자 선비인 군자의 도덕적 각성과 책임 의식을 역설합니다. 공자 사상은 근본적으로 윗사람을 주체로 보는 사상이고, 아랫사람은 부림의 대상입니다. 그리고 군주와 부 모, 군자, 연장자 등을 최상위에 둔 수직적 등급 질서에서 소인이나 여자, 어린이 등 아랫사람은 동정과 관심, 사랑의 대상은 될지언정 결코 주체가 아닙니다. 공자 사상이 지닌 치명적인 독입니다.

하지만 공자 사상에는 이런 독만 있는 것이 아닙니다. 약도 있습 니다. 공자는 나라와 백성을 책임질 군자에게 덕에 바탕을 둔 도덕 정치를 구현하고 나라를 책임질 능력을 갖추기 위해 끊임없이 공 부하고 인격을 완성하라고 요구합니다. 또한 공자는 개인의 도덕 적·지적 완성을 현실을 바꾸는 출발점으로 삼으면서, 자기가 싫어하는 것을 남에게 강요하지 말고 백성을 덕으로 이끌고 사랑하라고 외칩니다.

통치 주체인 군자를 향한 엄격한 요구를 뒤집어 해석하면, 도덕적 정당성을 잃어버린 채 사익과 권력, 파당의 이익 추구에만 몰두하는 현실 정치와 통치 집단에 대한 강력한 비판이기도 합니다. 공자와 그의 사상이 어떤 군주에게도 채택되지 못한 채 천하를 떠돌며 초라한 '상갓집 개'[18] 신세가 된 것은 이러한 현실 비판적 성격 때문이기도 합니다.

마오쩌둥 시대에는 공자 사상의 독만 보고 약은 보지 않았습니다. 아이를 목욕시키고 나서 물만 버려야 하는데 물과 함께 아이까지 버린 것입니다. 아니면 아이를 버리고 물만 남겼거나.

공자 동상을 다시 세우다

그런데 중국이 부상하는 지금, 공자도 화려하게 부활하고 있습니다. 중국이 대국으로 빠르게 성장하고 있는 21세기에 접어든 이후 더욱 그러합니다. 2005년 공자 탄신 2556주년 기념제는 중국 CCTV가 네 시간 넘게 생중계했습니다. 공자 관련 행사를 생중계한 것은 사회주의 정부가 들어선 이후 처음입니다. 2007년에는 공자에게 제사를 올리는 석전대제에 산둥성 성장과 문화부 부부장(차관)이 참가했습니다. 2010년에는 공자를 다룬 영화 〈공자〉가 저우룬파(周潤發) 주연으로 상영되었고, 2011년 1월에는 톈안먼 광장에 높이 10미터짜리 공자상을 세우기도 했습니다. (이 동상은 논란 끝

에 100일 만에 역사박물관으로 옮겨졌습니다.)[19])

2014년 공자 탄생 2565주년을 기념하는 세계적인 유학 학술 대회가 우리나라 국회의사당에 해당하는 중국 인민대회당에서 공자의 생일 하루 전인 9월 24일에 열렸는데, 여기에 시진핑 주석이 참석해 연설을 합니다. 중국 국가주석이 이 회의에 참석한 것은 처음입니다. 그는 '벗이 멀리서 찾아오니, 기쁘지 아니한가(有朋自遠方來, 不亦樂乎)'라는 《논어》의 구절로 환영의 뜻을 전하면서, 중국은 '내가 싫어하는 것을 남에게 베풀지 말라(己所不欲, 勿施於人)'는 공자의 정신을 계승하여 세계 평화에 기여할 것이라고 말했습니다. 또한 유교 사상을 비롯한 중국 전통문화에는 인류가 당면한 문제를 해결할 중요한 메시지가 담겨 있다고 강조했습니다.

2004년부터는 공자를 중국 문화의 상징으로 내세워서 해외에 공자 아카데미(孔子學院)도 만들었습니다. 외국인에게 중국어와 중국 문화를 가르치는데, 공자 아카데미 공식 집계에 따르면 전 세계에 500여 곳이 있고, 우리나라에도 22곳이 있습니다.

중국공산당과 중국 정부는 왜 공자를 되살릴까요? 그 배경을 세 가지로 압축해보겠습니다. 첫째는 중국의 가장 중요한 국책인 '중화 민족 부흥'의 문화적 차원입니다. 중국은 2014년 시진핑 집권 이후 중화 민족의 부흥을 외치고 있습니다. 근대 이후 중국이 겪은 치욕을 씻고 전통 시대에 누린 영광을 되찾겠다는 것입니다. 중국공산당과 중국 정부는 물론이고 중국인도 지금 이런 '중국의 꿈'을 갈망합니다. 중국공산당은 중국이 다시 부흥하려면 정치와 군사, 경제도 중요하지만 문화가 매우 중요하다고 생각합니다. 중국이 과거에 화려한 지위를 누리는 데 문화의 힘이 큰 역할을 했음을 알고 있기 때문입니다. 중국의 전통 사상과 시, 그림 같은 문화의 힘이 전통 시대에 중국을 세계 최고의 국가로 만드는 데 크게 기여했습니다.

시진핑은 2013년 11월 26일 공자의 후손이 살고 있는 산둥성의 공푸(孔府)를 방문해 이렇게 말합니다. "한 국가, 한 민족이 강하게 되려면 언제나 문화 번영이 바탕이 되어야 한다. 중화 민족의 위대한 부흥에는 중화 문화의 발전과 번영이라는 조건이 필요하다." 그런가 하면 중국공산당의 핵심 지도자들이 모여서 공부하는 일종의 스터디 모임에서 전통문화가 갖는 의미를 이렇게 강조합니다. "전통을 버리고 근본을 잃는 것은 우리 정신의 명맥을 단절시키는 것과 같다. 깊고 넓은 우수한 중화의 전통문화는 우리가 세계 문화의 격랑 속에서 발을 딛고 설 수 있는 토대다."[20] 사실 문화의 힘 없이 경제력이나 군사력만으로 대국이 될 수는 없습니다. 대국이 된다고 하더라도 세계의 지도국이 될 수는 없습니다. 중국공산당이 전통문화를 되살리고 공자와 유교를 되살리는 것은 이런 사실을 잘 알고 있기 때문입니다.

두 번째 배경은 새로운 통치 이데올로기와 국민 통합 차원입니다. 마오쩌둥 시대에는 사회주의 건설이 통치 이데올로기였습니다. 그리고 개혁개방이 시작되고 1980년대 이후, 이른바 덩샤오핑 시대에는 현대화가 통치 이데올로기 역할을 했습니다. 경제를 발전시켜 부유하고 현대적인 삶을 실현시켜주겠다고 중국인에게 약속했습니다. 지금 상황에서 보면 중국공산당이 약속한 꿈이 어느 정도 실현된 것이 사실입니다.

하지만 현대화로 인한 갖가지 문제가 터져 나오기 시작하고 있습니다. 빈부 격차로 인한 갈등, 지역 간 발전 격차로 인한 갈등, 환경문제, 소수민족 독립운동으로 인한 민족 갈등, 농민과 농촌문제, 관료와 기업가의 결탁과 부패 등입니다. 이러한 상황에서 중국공산당은 조화사회(和諧社會) 건설을 목표로 제시했습니다. 2006년 10월 8일부터 11일까지 열린 중국공산당 16기 중앙위원회 6차 전체회의에서 채택한 정책입니다. 사람과 사람 사이의 화해, 계층과 계층 사이의 화해, 자연과 인간 사이의 화해, 나라와 나라 사이의 화해를 추구하겠다는 것입니다.

이미 짐작했겠지만, 조화사회라는 개념의 출처는 공자의 '조화(和)' 사상입니다. 유교의 핵심 가치 가운데 하나입니다.《논어》〈학이(學而)〉편에서는 화(和)를 예와 관련해 설명합니다. "예의 쓰임은 조화를 귀하게 여긴다(禮之用, 和爲貴)". 예는 신분의 높고 낮음, 귀천, 나이, 친소 등의 등급 차이에 따라 정연하게 질서를 이룬 상태를 말합니다. 결국 예란 갖가지 등급에 따른 차별을 전제로 한 것인데, 예가 이런 역할을 하더라도 그것이 갈등에 이르지 않고 조화와 화해를 해치지 않아야 한다는 것입니다. 사회 갈등, 빈부 갈등, 민족 갈등이 갈수록 심화되고 있는 상황에서 유교 사상의 핵심 가치를 동원해 중국인을 하나로 통합하여 조화사회를 건설하겠다는 것입니다. 인구도 많고 다양한 민족과 문화와 언어로 구성된 중국은 늘 이렇게 다양한 사람을 하나로 묶고 연결할 이데올로기를 찾습니다. 중국공산당은 이 차원에서 공자의 가치와 역할을 재발견하고 있는 것입니다.

세 번째 배경은 중국공산당의 지배를 확고히 하려는 정치 이데올로기 차원입니다. 현대 중국에서 공자를 되살리는 정치 세력은 대개 보수 집단이거나 독재자였습니다. 중화민국 시절에도 그러했습니다. 중화민국을 세운 쑨원은 불과 100일 만에 사실상 쫓겨납니다. 쑨원을 대신해 중화민국 대총통이 된 위안스카이(袁世凱)는 공화제를 폐지하고 황제 제도를 부활시켜 스스로 황제가 되려고 합니다. 그는 쑨원 시대에 폐지되거나 축소된 공자 관련 행사를 되살리고 공자 교육도 활성화시킵니다. 1913년에 학교에서 공자 제사를 지내도록 하고 유교 경전 과목을 늘립니다. 1914년에는 직접 공자 제사에 참여하기도 합니다. 중국을 통일한 국민당 지도자 장제스(蔣介石)도 점차 독재 성향을 보이기 시작하던 1934년 2월 유교도덕을 고취하는 신생활운동을 펼칩니다. 해마다 공자 탄신 기념행사도 열었습니다.[21]

완고한 보수주의자나 독재자 들은 공자가 말하는 인정(仁政)이나 덕의 정치, 도덕은 무시하면서 군주에 대한 충성 같은 일방적인 복종의 윤리만 강요하는 방식으로 공자를 이용하곤 합니다. 중국 공산당도 이런 유혹을 느끼는 것은 물론입니다.

일상으로 파고드는 공자 부활

그런데 중국공산당만 공자 되살리기에 나서고 있는 것은 아닙니다. 지식인도 나서고 있고 일반 국민도 나서고 있습니다. 특히 지식인은 중국공산당과 함께 공자를 되살리는 중요한 역할을 하고 있습니다. '대륙 신유교(大陸新儒學)'라는 새로운 학문 조류로 불릴 정도로 공자와 유교의 가치를 주장하는 책과 연구가 쏟아져 나오고 있습니다. 2003년에는 어린이와 학생용 유교 경전을 만들어 보급하고, 어린이 유교 경전 낭독 대회를 열었습니다. 2004년 7월에는 대륙 신유교학파의 창립 대회라고 불리는 '구이양 정사(貴陽精舍)' 회의를 여는 등, 각종 유교 관련 회의와 포럼을 통해 유교의 가치를 역설하기도 했습니다. 또한 2005년에는 중국 국가 싱크탱크인 사회과학원 종교연구소에 유교연구센터를 설립하기도 했습니다.

공자 사상과 유교의 부활을 두고 중국 지식인 사회에서 넓은 공감을 얻고 있는 주장은 중국 문화의 정체성 회복과 문명적 대안 차원에서 공자와 유교 가치를 재발견해야 한다는 것입니다. 2004년 9월 5일에 중국 문화계를 대표하는 원로 지식인들이 모여서 '2004년 문화 지도자 포럼(2004文化高峰論壇)'을 열고, 폐막식에서 〈갑오 문화선언(甲吾文化宣言)〉을 발표합니다. 이들은 여기서 "(중국) 문화 전통을 다시 평가하고 재건하며 중화 전통문화의 핵심 가치를 드높여야 한다."고 주장합니다. 중국이 그동안 서구에서 기원한 현대 가치와 현대 문화를 추종하여 유교를 비롯한 전통문화의 핵심 가치를 잃어버렸다고 비판하면서, 중국의 문화적 정체성 회복을 위해 유교를 비롯한 전통문화를 되살려야 한다고 보는 것입니다.

이러한 주장은 곧잘 서구 현대 문명에 내재된 폐단을 바로잡기 위해 유교 가치를 재발견해야 한다는 입장으로 연결되기도 합니다. 유교의 '인' 사상과 도덕과 덕의 중시, 가정의 가치 존중, 인간관계 중시, 타인에 대한 배려 등의 가치가 미래 사회에 의미가 있다고 보면서 공자와 유교 부활을 주장하는 것입니다. 이 같은 경향은 지금 중국에서 좌우파 지식인을 막론하고 가장 큰 지적 흐름을 형성하고 있습니다.

중국공산당과 지식인이 앞장서고 있는 공자 되살리기 흐름에 중국 국민도 호응하고 있습니다. 아이를 학교에 보내는 대신 유교 경전을 가르치는 서당인 독경학교에 보내는 흐름이 사회문제가 될 정도로 유행하기도 했습니다. 위단(于丹)의 CCTV 《논어》 강좌[22]가 큰 인기를 누린 것처럼 유교 관련 텔레비전 강좌, 대중 특강이 크게 호응을 받기도 합니다. 유교에서 경영의 원리를 추출하는 강좌와 책도 유행이고, 베이징 대학을 비롯해 최고 경영자 과정에는 공자와 유교 사상이 기업 CEO의 필수과목이 되었습니다.

공자와 유교 부활이 점차 중국인의 일상으로 파고들고 있기도 합니다. 최근 중국 텔레비전을 보면 부자 관계, 가정과 가족, 효와 어른에 대한 공경 등 유교 가치를 담은 공익광고를 쉽게 찾아볼 수 있습니다. 설이나 추석 같은 명절 전후에는 더욱 그러합니다. 우리나라 텔레비전에서도 한중 공동 제작 공익광고란 형태로 이런 광고가 선을 보이기도 했습니다. 엄마 생일은 몰라도 여자친구 생일은 챙긴다는 에피소드가 나오는 광고를 기억하실지 모르겠습니다. 효와 가족을 주제로 한 공익광고인데, 한국방송광고진흥공사와 중국 CCTV가 함께 제작한 것입니다.

이런 사회 흐름을 반영하여 눈치 빠른 기업들도 가족애나 효를 다룬 상업광고를 내보내기도 합니다. 중국 기업만이 아니라 맥도날드 같은 다국적 기업도 이런 흐름을 포착하여 중국 전통 명절과 가족애를 테마로 한 광고를 내보내기도 했습니다. 공자와 유교 되살리기가 중국에서 중요한 사회·문화적 흐름을 이루고 있는 것입니다.

공자를 되살려 새로 건설하는 중국의 모습

공자 비판을 통해 새로운 중국을 건설하려고 했던 앞선 시대와 다르게 지금 중국공산당과 중국인은 공자를 되살려서 어떤 중국을 건설하려는 것일까요? 과거 공자 비판은 현대의 가치와 사회주의 가치 차원에서 과격하고도 일방적으로 이루어졌습니다. 공자 사상의 부정적 측면만 보면서 통째로 부정한 것입니다. 공자에 대한 과도한 비판을 감안하면 공자를 재평가하고 되살리려는 생각이 중국에서 나온 것은 당연합니다.

공자와 유교는 3000년 동안 거의 국교 수준으로 중국과 중국인에게 영향을 미쳤다는 점에서 보자면, 공자가 비판당한 과거 한 세기는 공자가 부재했던 유일한 시기였습니다. 중국인은 지금 공자를 살리면서 그 공백을 메우고 있습니다. 그러기 위해서 공자 사상과 유교 사상을 좀 더 합리적으로 재평가할 필요가 있는 것은 당연합니다.

물론 여기에는 정치적 동기도 작용하고 있습니다. 중국공산당이 공산당 지배를 합리화하기 위해서 유교를 이용하고 있기도 합니다. 하지만 공자는 중국공산당에게 양날의 칼일 수 있습니다. 공자가 역설하는 군자의 덕목, 예컨대 인의 실천과 덕에 의한 정치, 철저한 애민 정신과 인격, 도덕적 완성, 빈곤을 두려워하지 않는 정신 등은 중국공산당과 위정자들에게 치명적인 비판이 될 수 있습니다. 예를 들어 "군자는 옳음에 밝고 소인은 이익에 밝다〔君子喻於義, 小人喻於利〕."23)는 공자의 말은 일부 부패한 중국공산당원을 향한 회초리가 될 수 있습니다. 그러니 공자가 되살아나면서 공자가 중국공산당을 바꾸어놓을 수도 있고, 역으로 중국공산당이 공자를 바꾸어놓을 수도 있습니다. 지금 중국공산당이 가고 있는 그 길이 종국에 어디로 귀결될지 아직은 미지수입니다.

중국공산당이 '중국공자당'이 되고 있다는 비난을 받을 정도로 공자를 되살리는 데는 여러 가지 정치적 목적도 있지만, 우리가 주목해야 할 것은 공자 되살리기가 중국이 앞으로 어떤 길을 갈 것인지에 대한 고려와 연결되어 있다는 점입니다.

지금 중국은 지금까지 걸어온 길을 자성하면서 새로운 길과 새로운 국가를 모색하고 있습니다. 서구의 길을 그대로 이식하거나 추종하는 데서 벗어나 중국의 전통을 되돌아보고 전통 시대의 경험에서 미래의 지혜를 찾으려고 하고 있습니다. 중국공산당과 정부 그리고 지식인이 공자를 되살리려는 또 다른 뜻이 여기에 있습니다. 공자와 중국 전통 사상의 가치, 역사, 전통 제도의 의미를 다시 발굴하면서, 이를 통해 마르크스주의까지 포함해 서구에서 기원한 현대 제도와 가치가 지닌 긍정적·부정적 측면을 다시 질문하고, 해체하고 있는 것입니다.

이렇게 중국공산당과 중국인들이 공자를 되살리면서 설계하는 미래 중국은 구체적으로 어떤 모습일까요? 아직은 불분명합니다. 지금 중국은 토대를 다지는 작업을 하고 있는 것이니까요. 하지만 개인적인 판단으로 감히 말하자면, 현대 초기나 마오쩌둥 시절에 공자를 비판하면서 설계하던 중국의 비전을 되풀이하지는 않을 것입니다. 그 중국은 사회주의 가치와 제도에 충실한 국가도 아니고, 그렇다고 미국과 같은 서구식 가치와 제도에 충실한 국가도 아닐 것입니다.

대륙 신유교를 대표하는 학자인 천밍(陳明)이 말한 대로 중국은 자유주의와 공산주의와는 다른 방향에서 '중국의 꿈'을 실현하려고 하고 있고,[24] 이를 위해 유교를 중심으로 중국 전통 사상과 제도의 의미를 적극적으로 재발견하고 활용하려고 합니다. 미국의 중국학자 로더릭 맥파쿼(Roderick MacFarquhar)의 표현을 빌려 말하자면 중국은 지금 '미래로 돌아가고' 있습니다.[25] 역설적인 표현이지만, 중국은 유교를 복원하고 전통을 살리는 등 과거로 회귀하는 방법을 통해 미래로 나아가고 있는 것입니다.

이런 흐름 앞에서 우리가 중국을 이해하려고 할 때, 미국과 같은 서구 자본주의 국가와 중국을 비교하거나 북한 같은 또 다른 사회주의 국가와 중국을 비교하는 것으로는 중국의 심층을 제대로 들여다보지 못할 것입니다. 서구의 시각이나 사회주의 국가를 보는 시각으로는 중국을 제대로 해석할 수 없다는 것입니다. 그보다는 전통 시대 중국과 지금 중국 그리고 미래 중국의 설계를 비교하는 것이 중국의 심층을 더 잘 들여다보고 더 잘 이해하는 방법이 될 수 있습니다. 물론 중국 이해와는 별개로, 우리가 그런 중국을 어떻게 평가할지 그리고 이웃 나라 중국이 구축하려는 국가가 우리에게 어떤 영향을 미칠지, 그에 대비해 우리는 어떤 국가를 구축해야 할지를 치열하게 고민하는 일은 우리에게 남겨진 중대한 과제입니다.

5

일대일로는 패권 전략일까,
문명 전략일까?

실크로드 부활 프로젝트

중국어로 수박은 '서과(西瓜)'입니다. 당근은 '호나복(胡羅卜)'이고,
후추는 '호초(胡椒)'입니다. 이렇게 서쪽이나 오랑캐를 뜻하는 '서'
자나 '호' 자가 붙어 있는 과일과 채소는 실크로드를 타고 중국 서
쪽인 인도나 이슬람, 유럽에서 유입된 것들입니다. 우리말 호떡도
그런 유래를 지닌 말입니다. 이와 반대로 실크로드를 따라서 서쪽
으로 간 것도 있습니다. 종이와 화약 만드는 기술, 비단 등이 그렇
습니다. 실크로드는 유라시아 대륙을 동서로 연결하는 문명의 통
로였습니다. 그런데 해양 시대가 열리면서 육로 실크로드는 18세
기 이후 유명무실해지고 폐허가 됩니다.

그런데 최근 들어 실크로드가 되살아나고 있습니다. 중국이 육
로 실크로드뿐만 아니라 바다 실크로드까지 되살리는 이른바 '일

대일로(一帶一路, One Belt One Road)' 계획을 21세기 국가 핵심 전략의 하나로 추진하고 있어서입니다. 일대란 육상 실크로드 경제 벨트(silk road economic belt)이고, 일로는 해상 실크로드(maritime silk road)를 말합니다. 시진핑 주석은 2013년 9월 카자흐스탄에서 '실크로드 경제 벨트' 구상을, 이어 10월에는 인도네시아를 방문하여 '21세기 해상 실크로드' 구상을 발표했습니다. 육로와 해로를 통해 아시아와 유럽을 연결하고 유라시아에서 새로운 지역 협력과 성장을 모색한다는 구상입니다.

일대는 중국 시안에서 출발하여 신장웨이우얼자치구, 카자흐스탄, 우즈베키스탄, 러시아, 이란, 터키, 이탈리아, 독일 등을 거쳐서 네덜란드 로테르담에 이릅니다. 일로는 중국 취안저우(泉州)에서 출발하여 베트남, 싱가포르, 인도, 인도네시아, 케냐, 그리스, 이탈리아 등을 지나 네덜란드 로테르담까지입니다. 동남아시아, 중앙아시아, 아프리카, 유럽 등 관련된 국가가 65개국입니다. 포괄하는 면적은 전 지구 총면적의 약 41.3퍼센트에 해당합니다. 해당 지역 인구는 46억 7000만 명으로, 지구 총인구의 약 67퍼센트입니다. 이 지역 경제 총량은 지구 경제 총량의 38.2퍼센트입니다. 규모가 방대한 전 지구적 프로젝트입니다.

중국은 육상과 해상 실크로드를 연결하여 관련 국가들과 무엇을 하려는 것일까요? 일단 중국 발표를 한번 보지요. 우선 중국은 유럽과 아시아를 연결했던 실크로드의 정신을 '평화 협력, 개방 포용, 상호 학습, 상호 이익'이라고 정의합니다. 실크로드는 평화의 길이자 서로가 개방과 포용 속에서 이익을 공유하는 길이었다는 규정은 중국이 일대일로를 건설하는 의의로 이어집니다. 실크로드 정신을 계승하여 21세기 육상·해상 실크로드를 건설함으로써 "주변 국가와 경제 번영, 지역 경제 협력을 도모하고, 서로 다른 문명 사이의 교류를 강화하여 세계 평화를 이끌고 세계 각국 인민을 행복하게" 하겠다고 말합니다.

이를 위해 중국은 이들 지역과 다섯 가지를 연결하고 서로 통하게 하겠다고 말합니다. 이른바 5통입니다. 정책·인프라·무역·자금·민심을 서로 통하게 하겠다는 구상입니다. 한마디로 군사를 제외하고 이 지역 길과 사람, 돈을 하나로 연결하겠다는 것입니다. 중국은 이들 지역 국가와 기술 표준 시스템의 연계를 강화할 뿐만 아니라 국가 간 송전망·도로망 연결, 국제 통합 항공·해상 노선을 구축함으로써 유기적으로 연결되어야 한다고 강조하고 있습니다. 한마디로 일대일로 선상에 있는 국가들을 하나로 연결하겠다는 구상입니다. 중국은 이를 추진하는 데 필요한 자금을 확보하기 위해 2015년 아시아인프라투자은행(Asian Infrastructure Investment Bank, AIIB)을 설립했고, 우리나라도 여기에 가입했습니다.

일대일로 계획에 따라 중국은 대규모 차관과 원조를 제공하면서 수많은 사업을 관련 국가와 추진하고 있습니다. 티베트에서부터 파키스탄 남부 과다르(Gwadar)항을 잇는 3000킬로미터 구간에 고속도로, 철도, 파이프라인, 송전선을 건설하고 있고 나이지리아 등 아프리카 국가에 항만 시설, 도로, 발전 시설 등을 지원하고 있습니다. 주로 중국 국영기업이 앞장서서 서아시아와 아프리카 등에 인프라를 건설하고 있습니다. 그런가 하면 일대일로가 목표하는 마음의 소통을 위해 관련 국가와 문화 교류를 활발히 진행하는 한편, 매년 1만 명의 유학생을 중국 정부 장학생으로 초청하고 있고, 관련 국가에는 비자 발급을 간소화하거나 면제해주기도 합니다. 일대일로 사업 추진에 힘입어 중국은 2017년에 미국을 제치고 세계 최대 원조국이 됩니다.

세계의 중심이 되려는 중국

중국은 왜 일대일로를 추진할까요? 국내적 배경으로는 다음과 같은 점이 거론됩니다. 중국이 성장 속도가 떨어지면서 나타나는 과잉 생산, 과잉 공급, 과잉 설비의 문제를 해외 진출로 해결하려 한다는 것, 동부 지역에 비해 낙후된 서부 지역의 발전과 안정을 도모하고 안정적으로 에너지를 확보하기 위해서입니다.

이런 국내 배경보다 더 중요한 것은 중국의 세계 전략입니다. 중국이 21세기에 세계 중심 국가로 발돋움하려는 구상에서 일대일로는 중요한 부분입니다. 일대일로는 중국이 서쪽으로 나아가려는 전략인데 사실 중국은 서쪽으로 가는 것에 익숙합니다. 당나라 현장(玄奘)이 눈과 사막의 땅을 건너가 불경을 가져왔듯이, 중국은 서쪽을 통해 새로운 문물을 수입했습니다. 하지만 근대 이후에는 동쪽으로 나아갑니다. 서구 자본주의 국가들이 중국을 침략해 동부 주요 도시들을 차지하면서 동부 지역이 근대화의 선봉 역할을 했기 때문입니다.

그런데 마오쩌둥 사회주의 시절에 실시된 폐쇄 경제체제의 영향으로 한동안 동부의 가치가 낮아졌다가, 개혁개방 정책을 채택하면서 태평양으로 나아가는 동진 전략이 활발하게 추진됩니다. 1988년 CCTV에 방영되어 중국인을 열광시켰던 다큐멘터리 〈황허의 죽음(河殤)〉에서는 해양에 대한 공포를 없애고, "쪽빛 해풍으로 건조한 황토의 대지를 적시게 하자."고 외쳤습니다. '가자, 동쪽으로! 바다로!'가 당시 시대정신이었기 때문에 동부 연안 도시인 광저우·선전·상하이 등을 중점 개발했습니다. 중국이 대륙 국가에서 해양 국가로 변해야 한다는 외침이었습니다.

그런데 이제 중국이 서쪽으로 가자고 외치고 있습니다. 왜 그럴까요? 지도를 보면 알 수 있습니다. 지도를 놓고 일대일로를 따라서 서쪽으로 가다 보면 동아시아 경제권과 유럽 경제권이 양쪽 끝에 있고, 그 중간에 동남아시아, 중앙아시아, 서아시아 그리고 아프리카가 놓여 있습니다. 육상으로는 중국-몽골-러시아, 중국-중앙아시아-서아시아, 중국-인도차이나반도를 연결합니다. 해상으로는 중국 남해를 거쳐 인도양을 지나 유럽으로 향합니다. 이렇게 되면 중국이 주도하여 유라시아가 통합됩니다.

더구나 일대일로의 중간쯤에 위치한 나라들은 경제적으로 낙후된 나라도 많습니다. 내전과 국제 분쟁에 시달리는 나라도 많습니다. 많은 국가가 물·전기·철도가 부족하고, 인프라 부족과 정치적 불안정, 종교적 이유 등으로 미국을 비롯한 서방 국가와 기업이 투자를 꺼리는 지역이기도 하며, 미국에 적대적인 국가도 많습니다. 일대일로가 지나는 아프가니스탄만 하더라도 테러와 전쟁의 참화가 끊이지 않는 지역인 동시에 1인당 평균 국내총생산(GDP)이 700

달러도 되지 않는 국가입니다. 물론 그만큼 성장 잠재력이 있는 지역이기도 합니다. 중국은 이들 나라에 도로, 항만, 비행장, 철도, 전력, 천연가스 개발과 운송, 식수 및 수자원 개발 등 인프라 시설 건설을 지원하고 해당 국가의 산업 발전을 돕겠다는 것입니다.

중국이 일대일로를 통해 추진하고 있는 국제적 협력을 문명권 차원에서 보자면 중국 문명, 이슬람 문명, 유럽 문명을 하나로 연결하는 일이기도 합니다. 만약에 훗날 중국의 꿈대로 동남아시아, 중앙아시아, 서아시아, 아프리카 지역이 일대일로에 힘입어 경제적으로 성장하고 서로 연계된다면 세계의 축이 이동할 수도 있습니다. 유라시아가 지구의 새로운 중심으로 등장하고 특히 중국 문명과 이슬람 문명이 서로 연합함으로써 새로운 세계 문명의 축으로 등장할 수도 있습니다.

유라시아라는 개념을 처음 제기한 영국 지리학자 해퍼드 매킨더(Halford J. Mackinder)의 말대로 유라시아는 세계의 핵심지역(heartland)으로서 전략적 요충지이지만, 공교롭게도 냉전 시절과 그 이후에도 미국과 소련(러시아)이 점령이나 패권 확보에 실패한 지역이고 정치나 종교적으로 혼란이 계속되고 있습니다. 그런데 그동안 이 지역의 분쟁에 직접 개입하지 않았을 뿐만 아니라 오랫동안 유대를 맺은 경험도 있는 중국이 나서서 유라시아를 통합하고 동아시아와 유럽과 연결하려고 합니다. 과거 마오쩌둥 시절에 중국은 제3세계 비동맹 정책을 추진하면서 아시아와 아프리카 지역 일부 국가에 경제와 기술을 원조하기도 했습니다.

일대일로 전략은 단순한 나라 간 경제 협력 프로젝트나 물류, 인프라 구축 차원을 넘습니다. 세계의 중심과 문명의 축을 바꾸려는 거대한 문명의 기획이기도 합니다. 중국이 서쪽으로 가는 이유가 여기에 있습니다. 이를 위해서는 최소 30년에서 50년, 길게는 100년이 걸리는데, 중국이 추진하는 21세기 '국가 대전략'입니다.

그런데 일대일로를 중국과 미국 사이의 치열한 세력 싸움이라는 각도에서 보면 흥미로운 점이 있습니다. 미국은 중국이 부상하는 것에 대응하기 위해 2010년부터 이른바 '아시아로 회귀하는 전략(pivot to Asia)', '아시아 재균형' 정책을 추진하고, 환태평양 국가들과 여러 가지 협력체를 만들어 중국을 봉쇄하려고 합니다. 미국의 중국 봉쇄 정책에 대응한다는 차원에서 일대일로 정책을 보면, 중국은 미국과 직접 대결을 피하면서 미국이 오스트레일리아, 일본, 한국, 타이완, 필리핀 등 태평양 연안 국가들과 힘을 합쳐 쳐놓은 봉쇄망을 뚫고 서쪽으로 빠져나가는 길이 됩니다. 봉쇄를 피할 뿐만 아니라 미국 반대편으로 나아가면서 미국과 사이가 좋지 않은 서아시아와 중앙아시아의 나라들과 협력하여 역으로 미국을 봉쇄하는 전략이기도 합니다. 일대일로는 중국이 가진 강점을 이용해 미국의 약한 고리를 파고들면서 미국을 에워싸는 형국입니다.

미국의 외교 전문가인 헨리 키신저(Henry Kissinger)는 그의 저서 《중국론(On China)》에서 서양의 체스와 중국의 바둑을 비교하면서 미국과 다른 중국의 외교와 군사 전략의 특징을 이야기합니다. 키신저는 능숙한 체스 플레이어가 일련의 정면 충돌을 통해 적의 말을 제거하려는 목적을 가진다면, 재주 좋은 바둑 플레이어는 판의 비어 있는 곳을 향해 움직이면서 상대방의 돌이 지닌 전략적 잠재력을 서서히 줄여간다고 말합니다.[26] 일대일로도 바로 그런 바둑 전략으로 볼 수 있습니다. 미국과 직접 충돌하지 않은 채 미국과 그의 동맹국들이 강하게 압박하는 동쪽 대신 서쪽으로 나아가면서 미국의 약한 고리를 이용하여 미국을 에워싸는 전략입니다. 흡사 마오쩌둥이 공산혁명을 하면서 당시 힘이 약한 중국공산당이 국민당의 약한 고리인 변방의 농촌을 장악하여 도시를 포위하는 전략을 택한 것과 비슷합니다.

물론 이런 중국의 전략에 맞서 미국은 다시 봉쇄선을 치려 하고 있습니다. 미국은 중국 봉쇄선을 태평양에서 인도양으로 넓히기 위해 트럼프 대통령이 취임한 이후 일본의 적극 지지 아래 인도-태평양 전략을 수립했습니다. 중국과 갈등 관계인 인도를 끌어들이고 미국·일본·오스트레일리아·인도가 사각형을 이루어 중국의 진출을 막겠다는 것입니다. 미국은 우리나라도 여기에 동참할 것을 요구하고 있습니다.

일대일로에 대한 세계의 평가

중국이 주도하는 일대일로라는 21세기 신 실크로드 건설 계획에 동참하는 국가도 늘어나고 있습니다. 아시아인프라투자은행에 가입한 나라만도 80개국에 이릅니다. 정치적·군사적 수단이 아니라 경제협력을 통해 중국과 해당 국가가 공동으로 이익을 누리자고 제안하면서 철도와 항만, 도로, 통신 등 사회간접자본 건설을 지원하는 정책에 호응하는 나라들이 늘어나고 있습니다.

하지만 일대일로에 대한 평가는 극과 극을 달릴 정도로 다양하게 나오고 있습니다. 부정적인 시각은 일대일로가 궁극적으로 중국의 패권주의 전략이라고 봅니다. 미국과 일본 그리고 한국의 주류 언론의 시각이 대체로 이러합니다. 중국 국유 기업이 주도하다 보니 결국 중국만 이익을 본다는 것, 차관 형태의 지원이 상대국을 채무국으로 전락시킨다는 것입니다. 최근에는 인프라 건설 과정에서 필연적으로 발생할 대규모 환경 파괴 문제가 집중 거론되고 있습니다. 대표적인 예로 중국이 미얀마 정부와 공동으로 미치나(Myitkyina)에 수력발전소를 건설 중인데, 소수민족과 환경 단체가 격렬하게 반대하고 있습니다.

　긍정적으로 보는 시각도 있습니다. 미국의 저명한 국제정치학자인 프랜시스 후쿠야마(Francis Fukuyama)는 중국의 국제적 지위를 향상시키려는 일대일로는 사적 기업의 이익을 중시하는 미국식 해외 원조 모델과 다른 모델을 제공할 수 있다고 긍정적으로 평가합니다.

　중립적이고 유보적인 시각도 있습니다. 중국이 국유 기업을 내세우며 인프라 건설 위주로 추진하는 일대일로 방식이 사기업의 이익을 보장하면서 경제적으로 예속시키는 것과 다르다는 점은 인정하면서도, 일대일로 역시 중국 자본의 진출이라는 점에서 경계할 수밖에 없으므로 진행되는 상황을 지켜볼 필요가 있다는 입장입니다. 개발도상국 사이의 협력 모델이라는 측면에서 보면 과거 중국이 추진한 제3세계 정신을 회복하여 미국과는 다른 협력 모델을 만들어 공존하면서 중국의 국제 지위를 높일 것인지, 아니면 결국 중국 자본의 진출을 통한 착취로 진행될지는 이념적으로 재단할 것이 아니라 일대일로가 진전되는 과정 속에서 판단해야 한다는 주장입니다.

그런데 역사적 차원에서 이를 살펴볼 필요도 있습니다. 중국은 실크로드를 통한 중국 문명과 서구 문명, 이슬람 문명의 교류에서 주동적이지 않았습니다. 오히려 서구와 이슬람이 먼저 중국을 찾아 새로운 문물과 문명을 전했습니다. 당시 세계 최고의 선진국이었던 중국은 '우리는 필요한 게 없으니 당신네가 필요한 게 있으면 가져가라'는 태도였습니다. 이런 태도는 오래된 중국의 문명 전파 원리이기도 합니다. 중국은 다른 문명권으로 원정을 가거나 정복함으로써 자신의 문명을 전파하기보다는 다른 문명과 지역에서 스스로 중국 문명을 가져가 전파했습니다. 명(明)나라 때 정화(鄭和)의 원정대도 아프리카까지 진출했지만 그곳을 정복하거나 식민지를 건설해 중국 문명을 전파하지는 않았습니다.

그런데 21세기의 일대일로는 중국이 적극적이고 주동적으로 중국 밖의 세계를 향해 나아갑니다. 그것도 자본을 앞세워 동남아시아로, 아프리카로, 유럽으로 나아갑니다. 중국 문명사의 관점에서 보면 중국 문명의 원리에서 벗어난 일입니다. 자신이 위치한 곳에서 수준 높은 문명을 만들고 주변에서 그것을 흠모하여 자발적으로 수용하도록 하는 기존 방식과 다른 것입니다.

그런데 우리는 일대일로에 어떻게 대응해야 할까요? 중국의 21세기 국가 대전략인 일대일로에 대처하는 우리의 21세기 국가 대전략이 절실합니다.

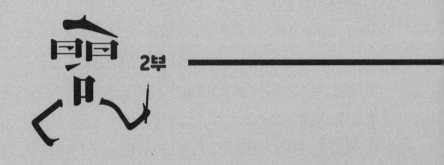

雷 2부

중국인은 누구일까?

6

사람을 차등하여 대하는
관시 문화

사람에 따라 물건 값이 다른 이유는?

중국 칭다오(靑島)에서 조금 떨어진, 우리로 치면 읍내에 해당하는
곳에서 공장을 운영했던 우리 기업인이 겪은 일입니다.

"현지 법인 사장이 형광등을 사기 위해 동네 가게에 갔습니다.
얼마냐고 물었더니 주인이 16위안이라고 했습니다. 같이 일하는
조선족 동포 직원에게 형광등을 사오라고 했더니 14위안에 사왔
습니다. 이상한 생각이 들어서 이번에는 산둥성 출신 종업원을 보
냈더니 10위안에 사왔습니다. 마지막으로 토박이 직원을 보냈더
니 이번에는 8위안에 사왔습니다."

중국에서 흔히 볼 수 있는 일은 아니고 조금 극단적인 사례이기
는 합니다. 그렇지만 어느 정도 중국의 현실을 반영하고 있기도 합
니다. 가게 주인은 왜 형광등 가격을 다르게 부른 것일까요? 진짜

형광등 가격은 도대체 얼마일까요? 미리 이야기하자면, 하나의 가격은 없습니다. 모든 가격이 진짜입니다. 주인 입장에서 보자면 그렇습니다. 왜 그런지 볼까요? 이 사례를 잘 보면, 주인이 아무렇게나 가격을 부른 것 같지만 실은 그렇지 않습니다. 주인을 기준으로 삼아 자신과 관계가 가까운 사람에서 시작해 관계가 멀어질수록 값을 비싸게 불렀습니다. 그 결과 외국인인 한국인에게 가장 비싼 값을 부른 것입니다.

누가 가게 주인에게 이런 법이 어디 있느냐고 따진다면 가게 주인은 아마도 당당할 겁니다. 뭐가 문제냐고요. 그리고 만일 반대로 같은 동네 사람에게 가장 비싸게 팔았다면 그 주인은 동네 사람들에게 크게 욕을 먹었을 겁니다. 이 주인이 매긴 가격은 중국식 인간관계의 논리에 따른 것입니다. 자신을 중심에 두고 친소 관계에 따라 줄을 세우고 차등하여 대우한 것입니다.

중국의 오래된 차등 의식

이렇게 특정한 기준에 따라 사람을 나누고 차등을 두어 대우하는 것은 오래된 중국 전통입니다. 전통 시대 중국을 움직인 기본 사상인 유교는 사람을 나누고 차등하여 대우하는 것을 강조합니다. 《논어》에는 공자가 크게 화를 낸 대목이 한 군데 나옵니다. 계씨(季氏)가 팔일무(八佾舞)를 즐긴 것이 공자를 화나게 한 것입니다.

공자께서 계씨를 논평하여 말씀하셨다. "천자의 팔일무를 추게 하다니, 이런 일을 차마 할 수 있다면 무슨 일인들 감히 하지 못하겠는가?"

〔孔子謂季氏, 八佾舞於庭, 是可忍也, 孰不可忍也?〕

— 〈팔일(八佾)〉편

공자는 계씨가 팔일무를 즐긴 것을 두고 왜 이렇게 화를 냈을까요? 일(佾)이란 8명으로 된 줄을 말하는데, 이렇게 8일을 이루어 64명이 추는 춤이 팔일무입니다. 이 춤은 오직 천자(天子) 앞에서만 출 수 있습니다. 계씨는 벼슬이 대부여서 4일무, 즉 16명이 춤을 추게 해야 하는데 천자의 춤을 추게 한 것입니다. 공자는 이를 참월(僭越)하는 것이라고 보았습니다. 자기 본분을 망각하고 분수를 넘어섰다고 분개한 것입니다.

공자는 등급 질서를 중요하게 생각했습니다. 《좌전(左傳)》에 나오는 말처럼 "하늘에는 열 개의 태양이 있고, 사람에게는 열 개의 등급이 있다〔天有十日, 人有十等〕."는 생각을 바탕으로, 천자와 제후 사이는 물론이고 임금과 신하 사이, 남편과 아내 사이, 어른과 아이 사이에도 등급이 있고, 이 등급에 따라 차등하여 대우해야 한다고 생각하는 것입니다. 유교에서 강조하는 인륜(人倫)에서 '륜'은 순서를 말합니다. 인륜이란 말 그대로 사람을 순서에 따라 분별하고 차등하여 대하는 것을 바탕으로 한 질서입니다. 유교가 추구하는 이상적인 사회질서는 순자(荀子)의 말처럼 등급을 분별하여 나눈 뒤 이를 바탕으로 집단을 이루는 것, 즉 명분사군(明分使群)입니다.

서구 기독교 원리처럼 신 앞에서 모든 인간은 평등하다는 생각은 여기에 없습니다. 수직적 차원이든 수평적 차원이든 사람을 구분하고 차등을 둔 뒤, 이에 따라 차별하여 대하는 것이 전통 시대 중국 사회의 원리이자 인간관계의 원리입니다. 안과 밖을 구분하고, 상대방이 자신과 친한지 친하지 않은지를 밝히는 데서 인간관계가 출발합니다. 중국인이 하는 말처럼 모든 사람이 태어나면서부터 연결은 되어 있지만, 모든 사람이 평등하지는 않습니다[生而關聯, 非生而平等].

이러한 중국의 인간관계를 중국을 대표하는 인류학자였던 페이샤오퉁(費孝通)은 '차등 서열 구조[差序格局]'라고 불렀습니다.[1] 인간관계를 맺을 때 차등을 두어 서열을 매기는 구조를 말합니다. 페이샤오퉁은 차등 서열 구조에 바탕을 둔 중국인의 인간관계를 수면에 돌을 던지면 동심원의 파문이 일고, 그 파문이 안에서 밖으로 나갈수록 약해지는 것에 비유했습니다. 여기서 파문의 중심인 돌은 바로 자기 자신입니다. 자기 자신을 중심으로 하여 안에서부터 밖으로 나아가면서 사람을 차등하고, 다르게 대우하는 것입니다.

모든 관계는 '나'를 기준으로 파생됩니다. 나에게 가까울수록 친하게 지내고 협력하지만, 나에게서 멀어질수록 배척당합니다. 앞서 형광등 가격을 다르게 부른 가게 주인의 행동 원리가 바로 이것입니다. 나를 중심에 두고 지연이라는 기준을 적용하여 사람을 차등 대우한 것입니다. 가게 주인은 중국인 특유의 인간관계 원리에 따랐을 뿐입니다. 만약 가게 주인이 같은 마을 사람에게도 외국인에게 받는 가격을 받았다면 마을에서 쫓겨났을 것입니다. 이런 일은 중국에 비일비재합니다. 상하이에도 이런 농담이 있습니다. 같은 물건이라도 영어를 쓰면 가격이 네 배, 표준어인 보통화를 쓰면 두 배, 상하이 말을 쓰면 제값이라는 것입니다.

중국 사회는 이렇게 자기를 중심에 두고 형성된 무수한 동심원으로 이루어집니다. 모든 사람이 자신의 동심원을 갖습니다. 이를 두고 페이샤오퉁은 중국 특유의 '자아주의(自我主義)'라고 부릅니다. 이런 자아주의에서는 보편적인 원리가 작동하지 않습니다. 나와 맺는 관계에 따라서 법이나 도덕이 다르게 적용되기 때문입니다. 모든 사람을 보편적으로 대하는 것이 아니라는 점에서 일종의 특수주의입니다. 중국에서 법이나 원칙이 모든 사람에게 똑같이 적용되지 않는 문제가 발생하거나 비리가 생기는 것도 차등 서열 문화와 관련이 있습니다.

흔히 중국인에게는 세 가지 행동 원리가 있다고 하는데, 이것 역시 차등 서열 구조와 관련됩니다. 먼저 나와 가장 가까이 있는 사람, 즉 나를 중심으로 한 동심원 네트워크의 가장 안쪽에 있는 사람은 가족과 친구입니다. 이들에게는 상대가 요구하면 무엇이든 들어주어야 하는 '요구 원칙(need rule)'에 따라 행동합니다. 이 때문에 인간관계에서 친구가 되는 것이 가장 중요합니다. 친구 사이는 상대가 원하는 것을 모두 들어주는 관계이기 때문입니다. 물론 이 때문에 가족과 친구가 법보다 위에 있는 부작용이 생기고, 중국 사회 부패의 원천이 되기도 합니다.

두 번째로 차등 서열 구조에서 중간에 속하는 '아는 사람'을 대할 때는 '균등 원칙(equality rule)'이 작동합니다. 상대가 한 번 밥을 사면 다음에는 내가 꼭 밥을 한 번 사는 것처럼 서로 균등하게 주고받으면서 인간관계가 형성되는 것입니다. 대부분의 인간관계가 여기에 해당할 터인데, 내가 하나를 받았는데 상응하는 것을 상대에게 주지 않으면 인간관계가 성립할 수 없습니다. 이런 상호 주고받기 관계가 오래 지속되면 친구 관계로 발전합니다.

세 번째로 나에게서 가장 먼 곳에 있는 사람, 즉 동심원의 가장 바깥쪽에 있는 모르는 사람을 대할 때는 '공정 원칙(equity rule)'이 작동합니다. 상대를 냉담하게 대하면서 철저히 법과 규칙을 따릅니다. 만약 중국에서 상대가 일을 처리할 때 규정이나 법을 거론한다면 상대가 나를 남으로 여기고 있고, 그 사람의 관계 밖에 있다고 여기면 됩니다.

'관시'의 최종점은 친구

흔히 중국을 '관시(關係)'의 나라라고 말합니다. 관시가 바로 나를 중심으로 사람을 구분한 뒤 차등하여 대우하는 중국인의 인간관계 원리를 상징하기 때문입니다. 중국 비즈니스 세계에서 흔히 볼 수 있는 관시 맺기 경쟁이란 권력이나 부, 영향력 등을 지닌 특정 개인이 있을 때, 그 사람과 상대하는 사람은 동심원의 바깥쪽에서 시작해 끊임없이 안쪽으로 들어가려 하고, 이를 통해 좀 더 나은 차별적 대우를 받으려는 노력입니다. 처음에는 서로 모르는 관시 바깥에 위치하던 사람이 점차 관시 안으로 들어가면서 아는 사람, 친한 사람, 친구, 친한 친구, 오래된 친구 그리고 마침내 인간관계의 절정인 서로 마음을 나누는 진정한 친구 단계까지 진입하려는 무한한 노력인 것입니다.

페이샤오퉁이 '차등 서열 구조'가 중국 사회와 인간관계의 기본 원리라는 점을 발견한 것은 중국 농촌 사회를 오랫동안 관찰하고 분석한 결과였습니다. 그가 차등 서열의 중요한 기준이 혈연과 지연이라고 지적한 것은 농촌 사회를 대상으로 분석했기 때문입니다. 그렇다면 1949년에 평등을 지향하는 사회주의 정부가 들어선 뒤 이러한 차등 서열 구조는 어떻게 되었을까요? 사회주의 평등 이념의 영향을 받아 사라졌을까요? 그렇지 않았습니다. 사회주의 라는 새로운 형식으로 여전히 지속되었습니다.

먼저 국가 차원을 보지요. 새로운 형태의 차등 서열 관계가 출현합니다. 인민을 나누고 차등하여 줄을 세우고 다르게 대우한 것입니다. 마오쩌둥에게 인민은 결코 하나가 아니었습니다. 사회주의 혁명을 시작할 때부터 그렇게 생각했습니다. 마오쩌둥은 1926년에 쓴 〈중국 사회 각 계급의 분석[中國社會各階級的分析]〉이란 글에서 이렇게 말합니다. "누가 우리의 적인가? 누가 우리의 친구인가? 이 문제는 혁명의 가장 중요한 문제이다." 인민을 적과 친구로 나누는 것은 혁명의 주도 세력과 협력할 대상 그리고 타도하고 투쟁해야 할 대상으로 나누고 각기 다르게 대하기 위해서입니다. 마오쩌둥의 인민 분류는 이후에도 계속됩니다. 1930년대 중반에는 농민과 노동자를 중심으로 하고, 소자산계급과 민족자산계급을 단결의 대상으로 하며, 지주계급과 대자산계급을 혁명의 대상으로 설정합니다. 인민을 차등 서열 구조의 중심으로 삼고 이 동심원을 밖으로 밀고 나가면서 연합과 타도의 대상을 설정한 것입니다.

문화대혁명 때는 인민을 내부적으로 구분한 뒤 차등 대우하는 것이 절정에 이릅니다. 출신과 사상에 따라 홍색, 회색, 흑색 그룹으로 나눈 뒤, 그 안에서 다시 각각 다섯 부류로 나누었습니다. 혁명군과 빈농 등 다섯 부류가 속한 홍오류(紅伍類), 지식인과 도시민 등이 포함된 회오류(灰伍類), 지주와 부농, 반혁명 분자, 우파 분자 등을 망라한 흑오류(黑伍類)로 나눈 것입니다. 혹자는 이를 두고 사회주의 혈통 차원에서 인민을 구분하고 차등한 것이라고 말합니다.

어쨌든 이렇게 중국인을 크게 셋으로 분류한 것을 토대로 각각 차등하여 대우했습니다. 예를 들어 흑오류 출신 자녀의 경우 연애나 결혼에서 기피 대상이었고, 국가에서 직장을 분배할 때도 좋은 직장을 주지 않았습니다. 군인이 될 수도 없었고 중국공산당에 들어갈 기회도 얻지 못했습니다. 심지어 대학 입시에도 차별이 있어서 "착취 계급 가정 출신의 수험생을 철저히 파악해야 한다. 정치와 현실의 태도가 보통인 경우 불합격시킬 수 있다."고 규정하기도 했습니다.

그래서 베이징 대학 교수였던 첸리췬은 많은 중국인이 마오쩌둥 시대를 평등을 실현한 시대라고 말하지만, 사실은 결코 평등하지 않았다고 비판합니다. 첸리췬은 마오쩌둥 시대에는 중국인을 끊임없이 정치적 태도와 사상 관점에 따라서 줄을 세웠다고 지적합니다.[2] 사회주의 혁명 사상과 중국공산당에 대한 충성심을 중심으로 삼아 인민을 끊임없이 줄을 세우고, 이를 바탕으로 차등 대우하거나 차별한 것입니다.

그렇다면 개인 차원에서는 어떤 변화가 있었을까요? 미국의 유명한 중국 전문가인 하버드 대학 에즈라 보겔(Ezra F. Vogel) 교수의 흥미로운 분석을 토대로 살펴보겠습니다. 그는 사회주의 정부가 들어서고 나서 중국 사회의 전통적인 인간관계인 '친구 관계 기반의 관시(friendship)'가 이제는 '동지(同志)적 관시(comradeship)'로 변했다고 지적했습니다.[3] 관시의 최고 단계는 친구입니다. 이는 나와 특별한 관계인 친구를 특별하게 대우하는 일종의 특수주의입니다. 보겔은 사회주의가 수립되고 나서 특수주의 성격의 관시가 약화되었다고 진단합니다. 친구 맺는 것이 궁극의 목표인 관시가 약화되고, 서로가 동지로서 관계를 맺는 동지적 관시가 생겨났다는 것입니다.

사회주의 정부가 들어선 뒤 목표와 가치관을 같이한다는 뜻을 가진 '동지(퉁즈)'라는 호칭이 상대를 부르는 일반 호칭으로 널리 쓰이게 됩니다. 보겔은 이런 호칭의 변화가 중국인의 인간관계 변화를 상징적으로 보여준다고 말합니다. 물론 동지라는 호칭은 적을 배제하는 것부터 시작합니다. 하지만 적으로 구분되지 않은 인민들로 구성된 집단 안에서 사용하는 동지라는 호칭 앞에서는 상하 구분도 없고 남녀 구분도 없습니다. 전통적으로 중국인의 인간관계에 큰 영향을 미친 혈연, 지연도 약화됩니다.

중국인의 전통적인 인간관계인 차등 서열 구조가 나와 관련 있는 특별한 사람만 차등하여 대우한다는 점에서 일종의 폐쇄적 성격을 지닌 특수주의라면, 사회주의 정부가 들어선 이후 형성된 '동지적 관시'는 특정한 사람과 특수한 관계를 맺지 않은 채 모든 사람이 서로 돕기도 하고 서로 비판하기도 한다는 점에서 개방적인 성격의 보편주의라고 할 수 있습니다. 전통적인 차등 서열 구조가 약화된 것입니다.

물론 에즈라 보겔의 분석에 반론을 제기하는 사람도 있습니다. 전통적인 형태의 관시 문화가 약화된 것은 사실이지만, 권력자나 상급자와 인간관계를 잘 맺고 친밀하게 지내는 사람이 권력자의 보호를 받는 형태의 새로운 관시 문화가 형성되었다고 보기도 합니다. 하지만 마오쩌둥 시대에는 전통적인 차등 서열 구조가 사회주의 혈통론의 형태로 변형되어 재탄생한 것을 감안하더라도 전반적으로 보자면 크게 약화되었습니다.

중국의 관시가 우리나라와 다른 점

21세기 들어 중국이 대국이 되어가고 자부심이 높아지면서 전통 시대의 사회 원리이자 인간관계의 원리인 관시가 다시 살아나고 있습니다. 사회주의 원리가 사라지고 시장경제가 확대되면서 개인이 경제활동과 사회생활의 주체로 다시 등장했기 때문입니다.

그런데 차등 서열을 토대로 한 관시 문화에서 외국인은 어떻게 해야 중국인과 친해질 수 있을까요? 외국인이 중국인을 친구 단계까지 깊이 사귀기는 무척 힘듭니다. 무엇보다 오랜 시간이 필요하기 때문입니다. 먼저 밥을 같이 먹어야 합니다. 중국인과 사업을 하기 위해서는 먼저 친구가 되어야 하고, 친구가 되려면 먼저 밥을 같이 먹어야 합니다.

밥을 같이 먹는 것이 중요한 것은 우리 문화와 같습니다. 우리도 늘 "언제 밥이나 같이 먹지요?"라는 말을 자주하고, 회식 문화 역시 유난히 발달해 있습니다. 이렇게 같이 밥을 먹는 것을 인간관계의 출발점으로 여기는 점은 우리나 중국이나 같습니다. 다만 우리는 일을 부탁하면서 "내가 다음에 밥 한번 살게."라고 말하지만, 중국인은 먼저 밥을 자꾸 같이 먹어야 합니다. 선후가 다른 것입니다.

이유는 의외로 단순합니다. 왜 형제끼리는 내 것 네 것 없이 서로 도울까요? 중국인 생각에는, 같은 어머니 젖을 먹었기 때문입니다. 중국인에게 같은 동네, 같은 지역 출신을 차등하여 대우하는 지연 의식이 매우 강한 것도 같은 맥락입니다. 같은 동네 사람들은 같은 우물물을 먹었기 때문입니다. 한자에서 '고을 향(鄕)' 자는 원래 두 사람이 마주하여 먹는다는 뜻이고, 마을 사람들이 모여서 음식을 같이 먹는다는 뜻인 '잔치 향(饗)' 자와 같이 쓰였습니다. 동향 사람이란 같은 음식을 먹은 사람들이기에 친하게 지내고 특별히 대우하는 것이지요.

같이 밥을 먹는 일은 우리가 하나라는 공동의 정체성을 확인하는 장입니다. 더욱이 둥근 탁자에서 함께 먹는 것은 화목을 도모하는 일입니다. 그래서 중국인은 인간관계를 시작할 때는 물론이고 인간관계를 지속하려면 밥을 같이 먹는 것이 중요하다고 생각합니다. 그래서 한 해를 마감하고 새해를 맞는 섣달그믐 저녁에는 꼭

온 가족이 모여서 밥을 같이 먹는 것입니다.

사람을 차등하여 대우하는 중국인의 인식은 마치 집단 무의식처럼 중국인의 의식과 생활은 물론이고 세계관에도 깊이 녹아 있습니다. 인간관계에서만이 아니라 중국이 생각하는 이상적인 외교 관계에서도 볼 수 있습니다. 주나라 때 지은 《국어(國語)》에 나오듯이, 중국을 중심에 두고 주변 국가를 다섯 개의 동심원 형태로 배치하고, 중심에서 멀어질수록 문명의 수준이 멀어진다고 생각한 이른바 '오복(伍服) 제도'가 그렇습니다. 이 오복 제도는 중국 외교 관계에서 가장 이상적인 원리라고 간주되었습니다.

하지만 유념해야 할 점이 있습니다. 중국의 관시 문화가 인간관계와 인맥을 중요하게 생각한다는 점에서는 우리와 같지만, 중요한 차이가 있습니다. 우리의 경우 주로 집단을 통해, 집단 속에서 인맥, 즉 관시를 맺습니다. 학교나 동아리, 각종 모임 등 특정 집단에 속한 개인들이 집단의 이름으로 서로 관계를 맺는 것이지요. 우리의 경우 갖가지 단체 모임이 활발한 것은 이 때문입니다. 설사 개인적으로는 잘 알지 못하는 사이라고 해도 어느 고등학교, 어느 대학교라는 집단으로 묶이면서 인간관계를 형성합니다.

그런데 중국은 다릅니다. 개인을 중심으로 하여 자신의 집단을 형성합니다. 내가 어느 집단에 속해 있다는 것보다 더 중요한 것은 나와 다른 사람 사이의 친소 관계입니다. 아무리 같은 단체에 속해 있는 사람이더라도 나와 친하지 않으면 관시가 형성되지 않는 것입니다. 만약 서구 사회를 개인주의 사회라고 하고 한국이나 중국을 집단주의 사회라고 한다면, 이 점에서 한국과 중국은 차이가 없습니다. 하지만 같은 집단주의라고 하더라도 우리는 집단을 매개로 만나고 중국은 개인 중심으로 만납니다. 중국인의 인간관계를 '자아주의'라고 말하는 것은 이런 의미입니다. 중국인이 관시를 중요시한다는 것을 알면서도 우리가 소홀하게 생각하는 점입니다. 중국인이 중요하게 생각하는 관시란 집단 차원이 아니라 개인의 친소 관계를 중심으로 형성된다는 것, 우리가 유념해야 할 부분입니다.

7

체면을 중시하는
중국인의 연극 본능

타인의 눈에 비친 나

한국의 문화와 중국의 문화는 비슷한 게 많습니다. 서로 가장 가까이 있는 나라로 워낙 오랫동안 밀접하게 교류를 해온 데다가, 같은 한자 문화권이면서 농경문화와 유교 문화 등을 공유하고 있기 때문입니다. 두 나라 문화가 비슷하다 보니 차이점은 잘 생각하지 않는 경우가 있습니다. 차라리 아주 다르면 무엇이 다른지 유심히 들여다보는데, 서로 비슷하다 보니 같은 점만 보이고 다른 점은 눈에 들어오지 않게 됩니다. 두 나라의 문화가 비슷하다는 생각은 종종 우리가 중국 문화를 다 잘 안다는 생각으로 이어지기도 하고, 우리 생각대로 중국 문화를 미루어 짐작하기도 합니다. 그리고 차이를 눈여겨보지 않는 것입니다.

중국의 체면 문화가 바로 그런 경우의 하나입니다. 중국 사람들이 목숨처럼 중요하게 여기는 체면 문화는 우리 문화에도 있습니다. 우리도 "볼 낯이 없다"거나 "체면이 서지 않는다"는 말을 자주 합니다. 집단주의 문화 속에서 자신의 정체성을 생각하고 다른 사람에게 자신이 어떻게 평가받는지를 중요하게 생각하기 때문입니다. 하지만 우리는 근대 이후 서구 문화, 특히 미국 문화의 영향을 많이 받고 현대화·도시화가 빠르게 진행되면서 체면 문화가 많이 약해졌습니다. 이에 비해 서구 문화에 상대적으로 덜 노출되고 자기 문화에 대한 자부심이 큰 중국은 우리보다 훨씬 강한 체면 문화를 유지하고 있고, 지금도 여전히 일상생활 곳곳에, 특히 인간관계에 깊숙이 자리 잡고 있습니다.

"죽어라 체면을 지키면서 생고생을 한다(死要面子活受罪).", "일부러 자기 얼굴을 때려서 살찐 사람인 척한다(打腫臉充胖子)."라는 말이 있을 정도로 체면 때문에 허례나 과소비에 빠지는 등 여러 가지 부작용이 있지만, 좀처럼 바뀌지 않습니다.

중국인은 체면을 목숨처럼 소중하게 생각하는데, 우리는 그 점을 너무 단순하게 이해하는 경우가 많습니다. 중국인들은 체면을 차리기 위해 비싼 사치품을 소비한다는 차원에서 주로 이해하는 경우가 많습니다. 비즈니스 차원에서만 중국인의 체면 문화에 주목하는 것입니다. 하지만 중국인의 체면 문화는 인간관계 전반에 깊이 스며들어 있어서, 이를 이해하지 못하면 중국인과 인간관계를 맺거나 교류할 때 치명적인 문제가 생기기도 합니다.

중국인이 중요시하는 체면에는 우리가 "볼 낯이 없다"고 말할 때 '낯'에 해당하는 '검(臉)'과 우리가 "체면이 서지 않는다"고 말할 때 '체면'에 해당하는 '면(面)'이 동시에 포함되어 있습니다. 원래 두 단어는 다른 뜻을 지닙니다. '검'은 인간관계 속에서 형성되는 자신의 이미지입니다. 개인의 말이나 행동 등을 통해서 만들어지는 개인의 도덕적인 품격이나 부끄러움 등이 이와 관련됩니다. 인격이 훌륭한 사람일수록 '검'을 중요하게 여깁니다.

이에 비해 '면'은 다른 사람 눈에 비친 자신의 지위와 관련됩니다. 이 지위는 그 사람이 사회에서 실제로 차지하고 있는 지위라기보다는 일종의 심리적 지위입니다. 다른 사람이 나를 어떻게 평가하는지와 관련해 내가 느끼는 심리적 지위로, 인간관계 속에서 그 지위를 유지하거나 더 높이 올려야 합니다. 마음속에서 느끼는 지위이기 때문에 현실 속 사회적 지위와는 상관이 없습니다. 예를 들어 A가 볼 때 B의 사회적 지위가 C보다 높습니다. 그런데 C는 A와 오랜 친구 사이입니다. 그렇다면 내 마음속에서 친구인 C가 B보다 지위가 더 높습니다. 그러니 나는 C의 체면을 더 세워주어야합니다. 이것이 체면을 바탕에 둔 인간의 도리이고 인정(人情) 논리이자 중국인이 중요하게 생각하는 인간관계, 즉 '관시'의 논리입니다.

통상 중국인이 체면이라고 할 때는 '검'과 '면' 두 요소가 함께 작용하는데, 어떤 사람이 '검'의 측면을 더 중요하게 생각하면 자신의 이미지가 일종의 규범 역할을 하면서 행동을 스스로 통제하게 됩니다. 차마 부끄러운 일이나 나쁜 언행을 못하는 것이지요. 체면의 좋은 기능은 주로 여기서 나옵니다. 하지만 현실에서 벌어지는 인간관계에서는 주로 '면'의 측면이 영향을 미칩니다. 다른 사람과의 관계에서 자신이 상대에게 어떤 등급과 지위로 여겨지고, 상대가 자신을 어떤 등급과 지위로 대하는지가 관건입니다.

상대방의 체면을 세워주려는 연극

이렇게 체면을 중요시하는 중국인 사이에서 인간관계를 맺는 일은 일종의 체면 세우기 연극이자 게임입니다. 자신의 체면도 존중받아야 하고, 상대의 체면도 세워주어야 합니다. 이런 게임 속에서 인간관계가 연출되는 것입니다. 배우는 연극 무대에서 원래 자기 모습이나 생각과는 상관없이 주어진 행동과 대사를 통해 자기 역할을 해야 합니다. 중국에서 사람 사이 만남도 그러합니다. 내가 상대를 진심으로 어떻게 생각하는지가 중요한 것이 아니라, 만나고 있는 순간에 내 역할에 충실하여 상대의 체면을 세워주는 말과 행동을 하는 것입니다. 이 역할극을 잘하는 것이 인간관계를 잘하는 것입니다. 자신의 본래 마음과는 상관없이 그 자리에 맞게, 상대의 체면을 높여주거나 최소한 현상을 유지시킬 수 있도록 말과 행동을 해야 합니다.

외국인 중에는 중국인이 가식적이라고 불평하는 경우가 많습니다. 도무지 속마음을 모르겠다는 것이지요. 나에 대해서 좋은 말이나 칭찬은 많이 하는데, 진심으로 나를 그렇게 평가해서 그런 것인지 알 수 없다고 말하거나 늘 형식에 그친 것 같은 찜찜함이 남는다고 말하곤 합니다. 사실 외국인이 이런 불만을 느낀 것이 어제오늘 일은 아닙니다. 근대 초기에 선교사로 중국에 왔던 스미스(A. Smith)

라는 신부는 체면을 중시하는 중국인의 행동 특성에 주목하여, 중국인에게는 연극 본능이 있다고 지적했습니다. 마치 무대에서 연기하는 것처럼 그 상황에서 가장 적절하고 마땅히 해야 하는 말, 주어진 역할에 맞는 말만 한다는 것입니다. 진심보다는 그 상황에서 상대방의 체면을 세워줄 수 있는 말과 행동을 하고, 동시에 자신의 체면을 지키기 위한 말과 행동을 하기 때문에 그렇습니다.

상대의 체면을 살려주는 대화법을 터득하는 것이 중국 인간관계에서 중요한 것은 이 때문입니다. 상대의 장점을 지나치다 싶을 정도로 칭찬해주고 상대의 능력을 크게 부풀려 높여주는 것은 상대의 체면을 고려한 때문입니다. 상대방이 사주는 음식이 맛이 없더라도 "정말 맛있는 음식을 먹었습니다. 최근에 먹은 것 중 가장 맛있었습니다."라고 말하는 것이 아부하는 것처럼 불편할 수 있습니다. 특히 솔직한 것을 좋아하는 사람이라면 더욱 그렇습니다. 하지만 중국인은 그런 대화술과 사교술이 몸에 배어 있습니다. 과장에 능합니다. 중국인은 말을 에둘러 하는 화술이 능한데, 이것도 상대방의 체면을 생각해서 그런 경우가 많습니다. 한국인이 중국에 대해 조금만 이야기하면 "중국통이네요."라고 추켜세우거나, 소설《삼국지(三國志)》이야기를 조금만 꺼내도 "중국 문화 전문가"라고 칭찬하기도 합니다.

존중함으로써 존중받으려 하다

중국인이 상대방의 제안을 면전에서 거절하지 않는 것도 체면을 세워주려는 교제술의 한 방법입니다. 상대방의 제안이 불가능한 일인 줄 뻔히 알면서도 면전에서 바로 거절하는 게 아니라 "한번 연구를 해보겠다."고 말하거나 "앞으로 상황을 봅시다."라고 말하는 것은 상대방의 체면을 살려주면서 에둘러 거절하는 화법입니다. 물론 이런 화법을 호의적 반응으로 착각하면 안 됩니다. 중국인은 다른 사람의 말을 들으면서 '좋다'는 뜻인 '하오(好)'를 남발합니다. 이는 말하는 사람을 듣기 좋게 만드는 응대일 뿐, 완전한 동의를 뜻하지 않는 경우가 많습니다. 중국인들이 부사장, 부회장처럼 '부(副)' 자가 들어간 직함을 지닌 사람을 부를 때 '부' 자를 빼고 부르는 것도 체면을 중시하는 문화와 관련이 있습니다. 상대방을 곧 사장이나 회장으로 승진할 사람으로 대접해준다고, 체면을 세워준다고 생각하는 것입니다.

이렇게 체면을 중요시하는 중국인과 인간관계를 맺는 기본 원리는 간단합니다. 체면은 상대가 마음속으로 생각하는 지위와 관련되기 때문에 자신을 낮추고 상대를 높여주어야 합니다. 우리가 중국인을 만나서 제일 못하는 부분이 바로 자신을 낮추는 것입니다만, 체면 연극이 연출되는 사교에서는 자신을 낮추는 것과 상대를 높이는 것이 하나로 연결되어 있습니다.

중국인은 개인의 체면도 중요하게 생각하지만, 자신이 속한 집안이나 직장, 국가의 체면도 마찬가지로 중요하게 생각합니다. 그래서 개인은 높여주면서도 면전에서 그의 가족이나 국가의 체면을 깎아내리면 이를 자신의 체면을 손상한 일이라고 여기기도 합니다. 자신의 정체성을 자신이 속한 집단 속에서 정의하는 중국 특유의 집단주의 문화의 산물입니다.

이 문화에서 만약 누군가 자기의 체면을 훼손한다면 더없는 모욕이자 수치로 받아들이게 됩니다. 학교나 직장에서 누군가 잘못을 했을 경우, 다른 사람들이 모두 보는 앞에서 꾸중하는 것은 그 사람의 체면을 심각하게 손상시키는 일입니다. 아마도 그런 모욕과 수치를 겪은 사람은 자신의 잘못 여부와 상관없이 그 경험을 가슴에 깊이 새기게 될 것입니다. 이제 둘 사이의 인간관계는 끝난 것이고, 모욕당한 사람은 상대방을 평생 기억할 것입니다. 극단적으로는 복수하는 경우도 있습니다. 개인 차원이든 국가나 민족 차원이든 체면을 존중해주는 것이 중국인과의 대화와 교류, 만남에서 가장 중요한 시작입니다.

8

중국인은 왜
모조품을 만들까?

중국을 뒤흔든 가짜 달걀 사건

2012년 11월 4일, 뤄양시의 한 농산물 시장 입구에 있던 승합차 한 대에서 달걀을 팔았습니다. 그 달걀은 다른 가게보다 한 근에 4마오(한화 약 70원)가량 쌌습니다. 중국에서는 달걀도 저울에 달아서 팝니다. 500그램이 한 근입니다. 싼 가격에 이끌려 달걀을 산 사람들은 집에 가서 요리를 하려다가 기겁을 했습니다. 가짜 달걀이었던 겁니다. 달걀까지 가짜가 있다니! 중국을 뒤집어놓은 가짜 달걀 사건입니다.

그러지 않아도 식품 안전에 민감해진 중국 소비자들은 몇 푼이나 번다고 대표적인 서민 식품인 달걀까지 가짜를 만드느냐고 분노했습니다. 당시 뤄양의 달걀 가격은 한 근에 보통 8개, 2위안(한화 약 400원) 정도로 비싸지 않았습니다.

알고 보니 중국 인터넷에는 가짜 달걀 제작 기술이 널리 퍼져 있었고, 제조 방법 교육비는 900위안(한화 약 17만 원)이었습니다. CCTV가 보도한 내용을 보면 가짜 달걀은 해초에서 추출한 나트륨과 탄산칼륨, 식용색소 등을 사용하여 생각보다 쉽게 만들 수 있습니다. 이렇게 만들어진 가짜 달걀은 껍데기 색깔은 물론이고 쉽게 흘러내리는 흰자와 동그란 노른자의 질감 등이 육안으로는 분간이 되지 않을 정도로 정교해서 요리하기 전에는 알 수 없었습니다.

우리는 모조품 하면 명품 가방이나 시계 같은 것을 떠올리지만, 중국에는 이처럼 상상을 뛰어넘는 가짜 상품이 널려 있습니다. 가짜 달걀만이 아니라 가짜 쌀도 있습니다. 모조품을 만드는 수준도 뛰어나서 중국 패키지여행 상품 코스에 모조품 전문 쇼핑센터가 들어가 있을 정도입니다. 사치품은 물론이고 일상 소비재까지 중국은 모조품 천국입니다.

중국에 진출한 한국 기업들도 모조품 때문에 애를 먹고 있습니다. 한류가 유행하면서 갖가지 가짜 브랜드가 판을 치고 있어서입니다. 예를 들어 상하이에는 우리나라에서 유행한 빙수 가게와 콘셉트가 똑같을 뿐만 아니라 아예 한글 간판을 걸고 있는 가게들이 수도 없이 많습니다. 그중 99퍼센트가 원래 한국 브랜드와는 전혀 상관없는 가짜입니다. 그렇다 보니 가짜가 원래 브랜드를 압도하여 진짜 체인점과 가짜 체인점을 구분하기가 불가능할 지경에 이르렀습니다.

중국인이 있는 곳에 모조품이 있다

전 세계 인구 가운데 중국 인구가 제일 많아서 이런 말이 생겼습니다. "사람이 있는 곳이면 어디든 중국인이 있다." 그런데 이제 이런 말도 생겼습니다. "중국인이 있는 곳이면 어디든 모조품이 있다." 중국 하면 모조품을 떠올릴 정도가 된 것입니다. 중국 정부는 모조품 때문에 국가 이미지가 나빠지는 것을 우려해 매년 3월 15일 소비자의 날이 되면 모조품을 고발하는 프로그램을 집중 방영하기도 합니다. 갖가지 모조품을 산처럼 쌓아놓고 폐기하는 퍼포먼스를 하기도 합니다. 하지만 좀처럼 근절되지 않습니다.

중국은 왜 이렇게 모조품 천국이 되었을까요? 가짜 명품이든 가짜 생필품이든 모조품이 유행하는 데는 적어도 세 가지 조건이 필요합니다. 원래 제품과 흡사하게 만들 수 있는 기술력이 있어야 하고 그것을 만드는 비용이 저렴해야 하며, 모조품에 대한 풍부한 수요, 즉 넓은 시장이 있어야 합니다. 이런 점에서 보자면 갈수록 수준이 높아지는 기술력과 저렴한 노동력, 과시적인 소비를 통해 자기 지위를 높이려는 문화를 가진 중국은 다른 나라보다 모조품이 유행할 수 있는 조건을 잘 갖추고 있습니다.

기술이나 시장 못지않게 여러 가지 사회·문화적 배경도 모조품이 유행하는 데 한몫하고 있습니다. 사회적 배경으로는 모조품에 너그러운 중국인들의 태도를 들 수 있습니다. 모조품을 경제 발전 과정에서 나타나는 어쩔 수 없는 현상의 하나라고 생각하는 것입니다. 흔히 기술 수준이 낮은 후진국은 선진국의 앞선 기술과 제품을 모방하는 경우가 많습니다. 이런 일은 나라와 나라 사이에서만이 아니라 대기업과 중소기업 사이에서도 일어나곤 합니다. 중국만이 아니라 다른 나라에서도 많이 일어나는 과도기 현상이라고볼 수 있습니다. 중소기업이나 후진국이 성장해가는 보편적 패턴차원에서 모조품 제작과 유통을 해석하면서, 기술 수준이 뒤떨어진 중국 기업이 선진 글로벌 기업과 경쟁하기 위해서는 앞선 제품을 모방하는 단계를 거칠 수밖에 없다고 여기는 것입니다.

그런데 중국이 모조품의 나라가 된 원인을 문화적 배경에서 찾는 시각도 있습니다. 중국인은 베끼기라는 문화적 본능이 강하다고 보는 것입니다. 세계 각국의 경영 방법에 어떤 차이가 있는지를주로 문화심리학 차원에서 연구하는 거넥 베인스(Gurnek Bains)의주장이 대표적입니다.[4] 중국인의 문화 유전자가 모조품을 잘 만들어내고 모방 문화를 유행시키는 데 큰 역할을 한다고 보는 것입니다. 거넥 베인스는 중국인의 모방 문화와 관련된 문화적 유전자 가운데 하나가 한자와 관련되어 있다고 봅니다. 한자를 배우는 과정이 모방 문화가 발달한 배경 가운데 하나라는 것입니다.

한자에 익숙하지 않은 사람이 중국어를 배울 때 가장 어려워하는 것이 네 가지 성조의 구분과 한자 쓰기입니다. 특히 서양인들은한자를 배우는 데 여간 애를 먹는 게 아닙니다. 그래서 미국 중·고등학교에서는 기초 중국어를 가르칠 때 한자보다는 말을 먼저 가르칩니다. 중국말은 유창하게 하는 서양인이 정작 한자는 읽거나쓰지 못하는 경우가 많은 것은 그 때문입니다. 사실 서양인만 그런것이 아니라 중국인 중에도 그런 사람이 많습니다. 예로부터 중국인 가운데 문맹이 많은 것은 한자가 복잡한 글자라는 데에도 원인이 있습니다.

한글은 24개 자모, 영어는 26개 알파벳만 익히면 글을 만들 수 있지만, 한자는 글자 하나하나를 모두 배워야 합니다. 한자는 청나라 때 나온 자전인《강희자전(康熙字典)》을 기준으로 보면 4만 7000여 자가 있고, 1971년에 나온《중문대사전(中文大辭典)》을 기준으로 보면 4만 9888자가 있습니다. 1획으로 된 글자도 있지만 최대 획수가 57획인 글자도 있습니다. 평균 획수는 우리나라와 홍콩, 타이완 등지에서 쓰는 한자 정체자의 경우 평균 16.1획, 중국 대륙에서 쓰는 간체자의 경우 평균 10.3획입니다. 약자인 간체자로 쓰더라도 획을 평균 10번은 그려야 하는 것이지요.

획수가 많은 한자는 거대하고 복잡한 기계장치 같습니다. 그래서 한자에 익숙하지 않은 사람이 획수가 많은 한자를 쓸 때 어디서부터 그어야 할지 막막해하는 경우가 많습니다. 이럴 경우 한 글자를 쓰는 일이 흡사 거대한 기계를 분해하여 다시 조립하는 것과 같아서, 한자를 한 획 한 획 분리한 뒤에 다시 조합하여 마침내 한 글자를 써냅니다. 이렇게 한자를 배우는 과정에서 분해와 조립을 수없이 반복하면서 중국인들은 다른 문화권 사람들보다 복잡한 기계를 잘 분해하고 모방하여 제품을 만들어내는 데 익숙하다는 것입니다.

문화심리학 차원에서 보자면 중국에서 모방 문화가 유행하는 것은 한자를 쓰는 중국인이 지닌 문화 유전자에 힘입었다는 게 거넉 베인스의 해석입니다. 이런 차원에서 보면, 같은 한자 문화권에 속하는 우리나라나 일본도 복제품을 잘 만들어내는 문화 유전자를 지니고 있다고 해석할 수 있습니다. 세상에 없던 것을 만들어내는 창조력은 뒤지더라도 이미 있는 것을 모방하여 다른 문화권보다 더 빠른 추격자(fast follower)가 되는 데는 뛰어날 수 있는 문화 유전자를 지닌 셈입니다.

산자이 제품에서 산자이 문화로

중국의 모조품 열풍은 베이징 올림픽이 열리던 2008년을 전후해 새로운 문화 현상으로까지 발전하게 됩니다. 중국에서는 모조품을 보통 '자마오(假冒)'라고 부릅니다. 또 다른 말로는 '산자이(山寨)'가 있습니다. 산자이는 우리에게도 익숙한 말입니다. 한자로 읽으면 '산채'인데, 산적이라든가 정부에 대항해 난을 일으킨 사람들이 산속에 만든 진지나 소굴을 뜻합니다.[5]

산채는 소설에도 자주 나옵니다. 중국 소설 《수호지(水滸誌)》에서는 정부에 대항하던 이들이 저항 근거지로 량산포에 산채를 차리기도 했습니다. 우리나라에서는 임꺽정(林巨正)이 청석골에, 장길산(張吉山)이 구월산에 산채를 차리기도 했지요. 이들은 정부에 대항하는 폭도지만, 달리 보면 세상의 억압과 불의에 저항하는 의적이기도 합니다. 이런 산채 개념을 가져다가 모조품을 지칭하는 신조어로 쓰면서 모조품은 새로운 의미를 지니게 됩니다. 불법, 비합법, 도둑이라는 의미보다는 기존 질서에 저항한다는 의미가 두드러지게 된 것입니다.

그런데 2008년을 전후하여 모조품뿐만 아니라 갖가지 문화 현상에도 산자이란 수식어가 붙게 됩니다. 대중문화 현상의 하나로 산자이 문화가 등장한 것입니다. 텔레비전 정규 프로그램을 모방하여 네티즌들이 산자이 프로그램을 제작하기도 하고, 세계 각국의 건축물을 본뜨기도 하며, 중국 국회에 해당하는 전국인민대표대회를 흉내 내기도 합니다. 네티즌들끼리 산자이 인민대표를 선출하고 인민대표대회를 열어서 정부 정책을 비판하고 법안을 내기도 하는 것입니다. 2008년 베이징 올림픽 때 허난성의 한 산골 마을에서는 마치 정식 성화 봉송인 것처럼 자신들이 성화를 봉송하고 이를 인터넷에 올리기도 했습니다. 그런가 하면 설 전날 저녁에 CCTV에서 방영하는 인기 예능 프로그램인 〈춘완(春晩)〉을 모방하여 〈산자이 춘완〉을 제작하기도 했습니다.

왜 이렇게 산자이 문화가 유행하는 것일까요? 첫째는 중국 텔레비전을 통해 전파되는 주류 문화가 중국공산당과 정부를 홍보하는 데 치중하면서 대다수 중국인의 정서를 대변하지 못하고 있기 때문입니다. 네티즌들은 중국공산당과 국가 정책, 업적을 선전하는 예능 프로그램에 저항하면서 자신들이 좋아하는 노래와 현실을 풍자하는 코미디로 엮은 '민중판 산자이 춘완'을 만드는 것입니다.

둘째는 현실 비판을 위해서입니다. 민의를 반영하는 역할을 하지 못하는 인민대표대회를 대신해 네티즌이 선발한 사람들로 산자이 인민대표대회를 만든 것에서 볼 수 있듯이, 중국 현실에 대한 불만을 산자이 형식으로 표출하는 것입니다. 네티즌이 운영하는 산자이 인민대표대회 발언을 보면, 이것이 중국 민중의 마음을 진정으로 대변하는 진짜 인민대표대회이고, 중국 인민대회당에서 거창하게 열리는 인민대표대회가 가짜처럼 느껴지기도 합니다.

산자이 문화는 주류에 저항하는 비주류 문화로서, 주류 문화를 풍자하고 비판하면서 대다수 중국인의 마음과 생각을 대변하는 것이 특징입니다. 과거 의적들이 정부에 대항하면서 산채를 차렸다면, 지금 중국인들은 산자이 문화를 통해 중국의 현실과 주류 문화에 저항하는 것입니다.

산자이 문화 현상을 옹호하는 사람들은 '모방 속의 저항'이라든가 '파괴적인 초순응(超順應)'이라는 개념을 사용해 산자이 문화를 정의합니다. 그리고 중앙 권력의 권위를 풍자하는 반권력적인 성격을 지니고 있고 대중에게 오락을 제공할 뿐만 아니라, 사상의 자유가 없는 중국에서 사상의 금지를 넘어서는 쾌감을 주고 있다면서 높게 평가합니다. 더구나 산자이 문화의 주요 생산자와 소비자가 경제적 취약 계층인 젊은이와 저소득층이라는 점에서 더욱 긍정적으로 평가하기도 합니다. 풀뿌리 민중성을 지니고 있다는 것입니다.[6]

그런데 산자이 문화에 긍정적 측면만 있는 것은 아닙니다. 중국의 유명 소설가인 위화의 경험을 보더라도 그렇습니다. 위화는 어느 날 길거리 노점상이 자기 책《형제(兄弟)》의 해적판을 팔고 있는 것을 발견합니다. 위화가 노점상에게 이건 해적판이라고 하자 노점상이 진지한 표정으로 대꾸했습니다. "해적판 아니에요. 산자이예요."[7] 해적판을 산자이로 부르게 되면서 다른 사람의 지적 재산권을 침해했다는 범죄 의식이 사라져버리고, 좋은 물건을 많은 사람이 즐길 수 있도록 싼값에 제공하는 좋은 일을 한다는 자기 합리화만 남은 것입니다.

산자이 문화는 주류에 대한 숭배일 뿐

그러다 보니 중국에서도 산자이 문화에 대한 비판이 많이 나옵니다. 지적 재산권의 침해이므로 근절해야 한다는 주장입니다. 중국인민정치협상회의[8] 대표이자 배우이기도 한 니핑(倪萍)은 2009년 정치협상회의 개막식 날 기자들에게 "나는 산자이 문화가 풀뿌리 문화를 대표한다는 것을 인정하지만, 무엇이 거짓이고 무엇이 진실인지 젊은이들에게 분명히 교육해야 한다."라며 산자이는 표절이기 때문에 단속해야 한다고 주장했습니다.

페이스북 창업자인 마크 저커버그(Mark E. Zuckerberg)의 비판은 이보다 더 신랄합니다. 그는 "산자이 문화는 주류 문화에 대한 반항이 아니라 오히려 숭배이다. 산자이 춘완, 산자이 TV 방송국 등은 모두 CCTV와 같은 국영방송국과 그들의 프로그램에 대한 숭배"라고 말했습니다. 산자이 문화 현상은 주류 문화에 저항하는 차원보다는 주류가 되고 싶다는 욕망, 주류에 대한 숭배의 표현일 뿐이라는 것입니다.

또한 그는 "(중국) 부유층은 해마다 변하는 서구의 명품 소비 추세에 뒤처지지 않으려고 발버둥치는 산자이 증후군을 보인다. 빈부를 가리지 않고 현대의 전 중국인이 서방의 방식을 숭배함으로

써 스스로를 산자이화하고 있다."며 중국인들이 서구의 명품을 추종하는 모습을 비판합니다.[9]

산자이의 영문 표기인 'shanzhai'가 영어에서 신조어로 등장했을 정도로 전 세계적인 관심을 받고 있습니다. 중국 무술을 뜻하는 'gongfu'가 영어 사전에 등재되었듯이, 'shanzhai'도 그렇게 될지 모릅니다. 중국에서 산자이 제품은 당분간 쉽게 없어지지는 않을 것입니다. 명품과 고급 제품을 소비하고 싶지만 경제력이 부족한 사람들은 끊임없이 산자이 제품을 찾을 것입니다. 돈 많은 중국인이 늘어나고 중국의 명품 소비 시장이 커지면 커질수록 그런 소비를 모방하고 추종하고 싶은 사람들도 늘어날 것이기 때문입니다. 절대적 빈곤 차원이든 상대적 빈곤 차원이든 빈곤 인구가 많고 빈부 격차가 심한 중국은 여전히 세계에서 가장 큰 모조품 시장이 될 수밖에 없습니다.

문화 현상으로서 산자이 역시 계속될 것입니다. 중국 언론이 주도하는 주류 문화가 정부와 중국공산당의 논리만 대변한 채 대중의 문화적 욕구를 채워주지 못하고 있기 때문입니다. 주류 문화를 모방하면서 이를 비틀고 해체하는 하위문화(subculture)의 한 형태로서 산자이 문화는 인터넷 공간에서 젊은 층을 중심으로 여전히 지속될 것입니다.

하지만 개인이 산자이 문화를 풍자나 저항 차원이 아니라 돈벌이 수단으로 활용하는 것은 문제가 됩니다. 이런 차원의 산자이는 타인의 지적 재산권을 침해하는 행위로 결국 표절이고 절도입니다.

산자이 유행의 가장 심각한 문제점 가운데 하나는 창의적인 개발을 막는다는 것입니다.《파이낸셜 타임스》가 중국어판에서 중국 산자이 열풍을 소개하면서, 모방이자 표절인 산자이 현상이 갖는 근본적인 문제점을 비판한 것도 그런 맥락에서였습니다. 알다시피 노벨 경제학상 수상자인 폴 크루그먼(Paul Krugman)은 '아시아의 기적은 근본적으로 존재하지 않는다'고 주장한 사람입니다. 아시아의 번영은 창의적이고 혁신적인 기술이 뒷받침되지 않은 상태에서 이루어진 것이어서 단명할 수밖에 없다는 것입니다.《파이낸셜 타임스》는 중국 산자이 현상이 갖는 한계를 이 차원에서 지적했습니다. 서구 제품을 모방해 수출하는 방식으로는 중국 경제에 더 이상 기적이 일어날 수 없다는 것입니다.[10]

지금 중국에서 일어나고 있는 갖가지 혁신과 중국 청년들의 놀라운 창업 열기, 늘어나는 원천 기술 보유 비율 등을 보면 이런 진단에 이의를 제기할 수도 있습니다. 그렇다고 하더라도 산자이가 보편적인 사회현상이자 경제 발전의 한 축으로 여전히 작동하는 한, 장기적으로는 사회 전반의 창의적이고 혁신적 시도를 위축시키고 중국 경제와 문화의 활력과 발전을 저해하게 될 것은 분명합니다.

9
외국 제품
불매운동을 벌이는 까닭은?

청나라 말기에 처음 등장한 불매운동

우리나라가 사드(THAAD)를 배치하자 중국이 한국 제품 불매운동을 벌이는가 하면 자국민의 한국 관광을 제한하기도 했습니다. 한류 문화 산업, 관광, 의료, 자동차 등 많은 부문이 타격을 입었습니다. 사드 사태 이전부터 중국에서 고전하고 있던 롯데마트는 사드 사태로 회복 불능 상태에 빠져서 아예 중국에서 철수하기도 했습니다. 1992년 한중 수교 이후 최대의 한중 갈등이었습니다.

우리나라가 불매운동의 대상이 된 것은 이번이 처음이었습니다만, 중국에서 외국 제품 불매운동이 처음 일어난 것은 1905년입니다. 대상은 미국이었습니다. 1848년 미국 캘리포니아 지역에서 금광이 잇달아 발견되어 골드러시가 일어나고, 1862년부터 대륙횡단철도 건설이 시작되면서 많은 중국인이 미국에 갔습니다. 값싼 노동력으로 팔려가는 사람도 있었고 자발적으로 가는 사람도 있었습니다. 이들은 주로 샌프란시스코에 모여 살면서 '당인가(唐人街)'라는 미국 최초의 차이나타운을 세우기도 합니다.

미국에 중국인이 몰려들어 하급 일자리를 차지하게 되자 대륙 횡단철도 개통에 따라 서부로 온 백인들이 일자리를 빼앗겼다면서 불만을 품기 시작하고, 1870년대부터 미국 노동자들 중심으로 중국인을 배척하는 폭력이 발생하기도 하는 등 이른바 '배화운동(排華運動)'이 미국 서부 지역에서 크게 확산됩니다. 1886년에는 50여 명의 중국인이 살해를 당하는 사건이 일어나기도 합니다. 이런 상황 때문에 미국과 중국은 미국이 중국인 이민을 제한할 수 있다는 데 합의하고, 1882년에 향후 10년간 중국인 노동자의 미국 이민을 금지하는 법안을 통과시킵니다.[11]

이 '배화법(排華法)'은 1894년 중미 양국 협상에서 다시 10년간 연장되었으나 1904년에 미국은 또다시 이민 금지 조항을 연장하려고 합니다. 이런 조치가 노동자에게만 한정되지 않고 상인과 유학생에게까지 적용되면서 중국인들이 불만을 갖게 됩니다. "미국인은 다른 나라 사람의 입국은 금지하지 않고, 오직 중국인의 입국만 금지하고 있다. 중국인을 인간으로 보지 않는"[12]다고 생각한 것입니다. 이를 계기로 그동안 중국인이 미국에서 당한 갖가지 수모와 차별에 대한 불만이 폭발하고, 1905년에는 중국에서 최초의 대규모 반미 운동이 일어납니다.

중국에서 특정 국가의 상품을 불매하자는 운동이 처음 일어난 것이 바로 이때입니다. 반미 운동의 일환으로 불매운동이 일어난 것입니다. 미국 이민자가 가장 많았던 광저우에서 시작된 이 운동은 상하이, 톈진을 비롯한 중국 주요 도시로 확산됩니다. 미국 상품 명단을 발표하고 대자보를 붙이는가 하면 미국 상품을 파괴하기도 합니다. 한편으로는 중국 제품 애용 운동도 함께 벌입니다. 미국 상품 불매운동에 가장 앞장선 사람들은 미국 상품을 직접 취급하는 상인 조직이었습니다. 상인들은 미국 상품을 취급하지 않기로 하고, 미국 상품을 구매하는 동업자가 있을 경우 동업 조직에서 벌금을 물리기로 결의합니다. 여기에 교사와 학생 들이 동참하면서 불매운동을 대중적으로 확산시키는 데 큰 기여를 합니다. 학교에서는 '미국 물건을 사는 사람을 학교에서 제적시키자'는 주장이 나왔고, '미국을 반대하는 것은 모든 사람의 의무'이고, '모두가 책임을 지고 불매운동에 참가하지 않으면 중국은 곧 망한다'는 인식을 바탕으로 강요하기도 했습니다.[13]

그러나 이 운동은 성공을 거두지 못합니다. 일시적으로는 애국심을 발휘하여 질 낮은 중국 제품을 사기는 했지만 오래 지속되는 않았습니다. 불매운동이 일어난 1905년에 미국 제품의 수입은 오히려 250퍼센트나 늘어났습니다. 청나라 정부도 불매운동의 확산을 막았습니다. 미국에 대한 비판이 미국에 굴종하는 청나라 정부에게로 향했기 때문입니다. 상인들도 미국 상품을 취급하지 못하게 되자 손해를 보게 되자 결국 운동의 추진 동력이 약해집니다. 1905년 5월에 시작된 불매운동은 채 1년도 지속되지 못했습니다. 1906년 3월, 미국 주중공사는 "중국에서 미국 상품 불매운동은 사라졌다."고 자국 정부에 보고합니다.

'흩어진 모래'가 불매운동으로 뭉치다

중국에서 처음 일어난 외국 제품 불매운동은 실패했지만, 중국의 근현대사에서 중요한 의미를 지닙니다. 무엇보다 중국인이 하나로 뭉치면서 중국 국민이라는 정체성과 애국심을 탄생시키는 계기가 되었습니다.

외국의 제국주의가 침략하여 중국이 위기에 처하자 당시 중국의 개혁 인사들은 중국인에게 국민 의식이 없다고 한탄했습니다. 량치차오나 쑨원 등은 중국인을 '흩어진 모래'에 빗대어서 단결할 줄 모르는 중국인을 비판하곤 했습니다. '나는 중국인이다'라고 생각하는 국민 정체성, '우리 중국인은 하나다'라는 일체 의식이 있어야 외국에 대항할 수 있는데, 이런 의식이 없다고 개탄한 것입니다. 자신의 정체성을 가족이나 가문, 또는 출신 지역에서 찾는 중국인의 전통 의식이 근대적 국민의 정체성을 형성하는 데 장해가 된 것입니다.

그런데 1905년에 일어난 불매운동으로 미국이라는 적에 대항하여 중국인이 뭉치게 되고 운동이 중국 전역으로 퍼지면서 '우리는 중국인으로서 하나다'라는 민족의식을 심어주었습니다. 이로써 현대 중국에서 반외세 민족주의와 대중 민족주의를 탄생시키는 계기가 되었고, 이후 반외세 민족주의 차원에서 외국 제품 불매운동이 빈번하게 일어나게 되었습니다.

중국은 1949년 사회주의 중국이 수립되기 이전에 여러 나라에게 침략을 당했습니다. 그러다 보니 외국 제품 불매운동도 자주 일어났습니다. 한 연구에 따르면 1905년 최초의 불매운동이 일어난 뒤부터 1930년까지 평균 2~3년마다 한 차례씩 일어났습니다.[14] 1905년부터 1949년까지 주요 대상은 일본 제품이었습니다. 일본의 침략이 지속된 시기였기 때문입니다. 1914년 칭다오를 점령한 일본이 중국에게 치욕적인 21개조 요구를 강요했을 때와 1919년 5·4운동 때, 1931년 만주사변이 일어났을 때가 절정이었습니다.

중국 작가 마오둔(茅盾)의 유명한 소설인《린씨네 가게(林家鋪子)》를 보면 1930년대에 일본이 중국을 침략할 당시 학교에서 벌어진 일본 제품 불매운동 분위기를 엿볼 수 있습니다. 학생회에서는 학생들이 일본 옷을 입고 오거나 일본 제품을 쓰면 비난도 하고 심지어 집으로 편지를 보내서 다시는 그런 일이 없도록 하라고 가장에게 주의를 주기도 했습니다. 반일 불매운동이 민족주의 대중운동의 형식으로 확산되면서 민족의식을 재는 척도이자 매국노를 가르는 기준으로 작용한 것입니다. 소설에 묘사된 불매운동의 전개 과정을 보면 '우리 중국', '우리 중화 민족', '모든 중국인' 등의 표현이 즐겨 사용되었는데, 이는 중국인을 하나로 묶고 여기에 동참하지 않는 중국인을 매국노로 비판하고 배제하는 역할을 한 것입니다.

개혁개방 이후 다시 등장한 불매운동

반외세 민족주의 차원의 불매운동은 1949년에 사회주의 정부가 수립된 뒤 사라집니다. 제국주의 세력이 사라져서 불매운동의 대상이 없어진 데다, 마오쩌둥 사회주의 시대에는 자급자족의 폐쇄적 경제를 운영했기 때문입니다. 개혁개방이 시작된 1980년대에도 불매운동은 등장하지 않았습니다. 1980년대는 중국 현대사에서 가장 개방된 시기였습니다. 중국이 서구보다 낙후되었다는 사실을 절감한 가운데 마오쩌둥 사회주의 시대에 닫혀 있던 문을 다시 열고서 발달한 서구를 배우려고 했던 시기입니다.

이런 개방적 분위기와 함께 미국과 일본이 중국의 개방을 적극 지원하고 중국 또한 우호적으로 이들 나라를 대하면서 중미 관계, 중일 관계가 가장 좋았기 때문에 외국 제품에 대한 불매운동이 일어날 계기가 없었던 것입니다. 1982년에 일본 역사 교과서 왜곡 사건이 일어나서 우리나라의 경우 독립기념관 건립 기금을 모으는 등 반일 운동이 크게 일어났지만, 중국에서는 반일 시위가 일어나지 않았습니다. 반일 불매운동도 없었습니다. 개혁개방을 막 시작한 중국 정부가 철저히 통제했기 때문입니다.

외국 제품 불매운동이 다시 등장한 것은 개혁개방 정책이 채택된 지 20년이 지난 1999년이었습니다. 대상은 미국이었습니다. 1999년 5월 8일에 나토가 유고연방 주재 중국대사관을 폭격한 것이 계기가 되었습니다. 미국은 오폭이라고 주장했지만 중국인은 미국이 일부러 폭격했다면서 대학과 거리에서 시위를 벌이고 미국 상품 불매운동을 벌였습니다. 대학생이 주축이 되었기 때문에 불매운동의 대상도 이들 세대가 좋아하는 코카콜라와 맥도날드, KFC처럼 미국을 상징하는 제품들이었습니다. 물론 토플과 GRE를 보지 말자는 주장도 나왔습니다.

미국 제품 불매운동을 주도한 이들은 개혁개방 정책과 더불어 성장한 세대입니다. 이들은 1989년 톈안먼 사건 이후 중국 정부와 공산당이 대대적으로 실시한 애국주의 교육을 받고 자랐습니다. 일례로 중국 정부는 100편의 애국주의 영화, 도서, 가요 등을 선정해 교육하기도 합니다.15) 또한 이 세대는 중국 경제가 빠르게 성장하던 시기에 중국에 대한 자부심과 중국의 미래에 긍정적인 희망을 갖고 있는 세대이기도 합니다. 민족주의 의식이 강한 세대인 것입니다. 중국 사이버 공간에서 네티즌 민족주의를 주도하는 세대가 바로 이들인데, 이들이 불매운동에서 주도적인 역할을 한 것입니다. 그래서 일부 중국인은 코카콜라 세대가 코카콜라 불매운동을 벌였다고 말하기도 합니다.

그 뒤 2005년에는 일본 제품 불매운동이 일어나고, 베이징 올림픽이 열렸던 2008년에는 프랑스 제품 불매운동이 일어납니다. 2005년의 일본 제품 불매운동은 일본 정부가 일본 우익의 관점이 반영된 '새로운 역사 교과서'를 승인한 데 대한 항의였습니다. 불매운동의 대상이 소비재에서 일본산 중간재, 원자재까지 매우 폭넓었고 강도도 거셌습니다. 중국 전역은 물론이고 홍콩에까지 불매운동이 확산되었습니다. 2008년 4월부터 시작된 프랑스 제품 불매운동은 프랑스 파리에서 베이징 올림픽 성화를 봉송하던 도중 티베트 독립을 주장하는 사람이 성화를 탈취하려는 소동이 일어난 것이 계기가 되었습니다. 이 소동을 두고 파리 시장인 베르트랑 들라노에(Bertrand Delanoë)가 티베트 종교 지도자인 달라이 라마에게 명예시민 자격을 부여하는 요청을 시의회에 하겠다고 밝히자 인터넷에서 많은 중국인이 프랑스 제품을 불매하자고 한 것입니다. 주요 불매 대상 기업은 까르푸였습니다. 이 불매운동의 구호는 "베이징 올림픽을 지지한다", "프랑스 기업 까르푸에서 사지 말자", "티베트 독립 반대" 등이었습니다.

1990년대 이후 중국에 다시 등장한 외국 제품 불매운동에서 중국 정부는 어떤 태도를 취했을까요? 1999년 미국 제품 불매운동과 미국에 대한 항의 시위 때는 처음에는 방조했지만 나중에는 통제했습니다. 2005년 일본이 대상이었을 때는 중국 경찰이 시위대를 보호하는 등 중국 정부도 일본에 항의하는 쪽에 섰습니다. 2008년 프랑스가 대상이었을 때는 베이징 올림픽을 눈앞에 두고 있던 때여서 불매운동이 시작된 지 일주일 만에 중국 정부는 여러 언론 매체를 동원하여 냉정을 되찾고 분노를 애국으로 승화시키자면서 성난 중국인들을 진정시켰습니다. 세 차례의 외국 제품 불매운동에서 확산 여부를 좌우하는 중요한 요소 가운데 하나는 중국 정부의 태도였습니다.

한국 제품 불매운동은 어떻게 다른가

사드 배치를 둘러싼 갈등으로 인해 중국에서 일어난 한국 제품 불매운동은 개혁개방 이후 일어난 네 번째 외국 제품 불매운동이었습니다. 이전의 불매운동과 비교하면 대중 민족주의 차원에서 진행되고 있다는 점, 특정 회사나 제품이 주요 대상이 되고 있다는 점, 인터넷을 망라하여 거의 전국적인 차원에서 진행되고 있다는 점에서 그 성격이 같았습니다.

하지만 차이도 있었습니다. 가장 중요한 차이는 한국은 미국, 일본, 프랑스와 달리 중국을 침략한 적이 없는 나라라는 점입니다. 현대 중국에서 불매운동은 한결같이 중국을 침략한 적이 있거나 중국과 적대적이었던 나라를 겨냥해 일어났습니다. 1949년 이전 불매운동의 대상이었다가 1990년대에 다시 대상이 된 미국과 일본, 2008년에 처음 불매운동 대상이 된 프랑스가 그렇습니다. 이들은 과거에 중국인에게 민족적 치욕을 안겨주었던 나라들입니다. 그런데 1990년대 이후 이들 세 나라가 또다시 중국대사관을 폭격하거나(미국), 중국을 침략한 역사를 부인하거나(일본), 중국을 분열시키려 한다고(프랑스) 생각해서 많은 중국인이 더욱 분노했습니다. 과거에 치욕을 당한 기억이 민족주의 감정으로 되살아나면서 불매운동이 일어난 것입니다.

그런데 한국은 이들 세 나라와 전혀 다른 경우입니다. 사정이 이런데도 중국인은 왜 한국 제품 불매운동에 나섰을까요? 그것은 중국 정부는 물론이고 많은 중국인이 사드 배치의 주체를 한국이 아니라 미국이라고 보기 때문입니다. 북한의 위협에 대응하기 위해 사드를 배치한 것이라기보다는 미국이 중국을 감시하고 견제하기 위한 것이라고 보기 때문입니다.

중국판 트위터인 웨이보(Microblog, 微博)에 회자되는 숱한 사드 관련 동영상은 하나같이 미국이 중국을 견제하기 위해 사드를 배치한 것이라고 주장합니다. 그리고 미국의 전략에 따라 사드 배치에 동의한 한국에 일종의 배신감을 토로합니다. 특히 롯데의 경우 면세점을 운영하면서 중국인 관광객 덕에 막대한 이익을 보면서도 사드 배치를 위해 부지를 제공했다고 비판합니다. 요컨대 사드 배치 결정을 계기로 중국인의 반미 민족주의 정서가 다시 일어나고 있고, 한국이 미국 편에 서서 중국을 압박하고 봉쇄하는 미국 정책에 동조하고 있다고 여기면서 한국 제품 불매운동이 일어난 셈입니다. 여기에는 한국을 미국의 속국 내지 식민지로 보는 중국인의 오래된 편견도 작용했습니다.

미국, 일본, 프랑스를 대상으로 한 불매운동과 우리 제품 불매운동 사이에 나타나는 또 하나의 차이는 중국 정부의 태도입니다. 과거 외국 제품 불매운동에서 확산 여부에 중요한 역할을 한 것은 중국 정부였습니다. 그런데 사드 배치를 둘러싼 한국 제품 불매운동의 경우 중국 정부가 암묵적으로 앞장서는 모습을 보여주었습니다. 중국인의 한국 관광을 제한하고 롯데마트 중국 매장에 영업정지를 내리는 방식으로 중국 정부가 먼저 메시지를 보내면서 중국인의 한국 제품 불매운동이 시작되고 확산되는 방식이 앞선 다른 나라의 경우와 달랐습니다. 물론 중국 정부는 불매운동이 민간에서 자발적으로 일어난 것이라는 입장을 되풀이했지만, 실은 중국 정부가 앞장서서 한국 기업을 제재하면서 불매운동을 촉발시키는 일종의 신호탄 역할을 했습니다.

불매운동은 양날의 칼이다

현대 중국에서 외국 제품 불매운동은 중국이 제국주의 침략을 받고 서구 국가 및 일본에게 멸시를 받는 상황에 대항하는 차원에서 시작되었습니다. 그 정신적 기반은 외국이 치욕을 안겨주고 있다는 인식을 바탕으로 이에 저항하고 심지어 복수하려는 것입니다. 이런 차원에서 보자면 대중적인 민족주의 운동의 일환입니다. 이러한 불매운동은 '중국인'이라는 정체성을 만들고 중국인을 하나로 묶는 데 큰 역할을 했습니다.

현대 중국에서 빈번하게 등장한 외국 제품 불매운동에 대한 평가는 극단적으로 갈립니다. 반제국주의 운동이라는 차원에서 긍정적으로 평가하는 사람도 있고, 폐쇄적이고 공격적인 민족주의 운동이라는 차원에서 비판하기도 합니다. 중국 밖에서도 그렇고, 중국 안에서도 그렇습니다. 불매운동을 펼치는 이들을 '분홍 꼬마들〔小粉紅〕'이라고 부르기도 합니다. '분홍 꼬마들'이란 인터넷에서 애국을 주장하는 사람들을 비난하여 부르는 말로, 이들이 주로 활동하던 사이트의 색채가 분홍색이었던 데서 연유합니다. 그런가하면 애국을 주장하는 이들의 논조를 비꼬면서 '이른바 애국주의자들의 말투'라며 자칭 애국주의자들을 비판하기도 합니다. 특히 중국 지식인 사이에서는 사드 불매운동을 계기로 '애국주의자'가 조롱의 대상이 되기도 하고 무엇이 진정한 애국이고 누가 진정한 애국자인지 논쟁이 일어나기도 합니다.

지금 중국은 과거처럼 제국주의 침략에 신음하는 나라가 아닙니다. 제국주의에 당했다는 피해 의식과 민족적 치욕감을 바탕으로 한 외국 제품 불매운동은 G2 대국이 된 중국이 택할 길이 아닙니다. 중국 스스로가 말하듯이 지금 중국은 과거의 중국이 아니기 때문입니다.

10

중국 진출 외국 기업에게
왜 문화적 현지화가 중요할까?

문화적 현지화에 성공한 사례들

오리온 초코파이, 스마일게이트의 크로스파이어 게임, 맥도날드, KFC, 한국 배우 추자현. 이들 상품이나 기업, 인물의 공통점이 무엇일까요? 각종 글로벌 기업의 마케팅 전쟁이 벌어지고 있는 세계 최대 시장인 중국에서 현지화, 특히 중국 문화와 접속하는 문화적 현지화(cultural localization)를 통해 성공했다는 점입니다. 외국 기업과 제품인데도 마치 중국 기업이나 제품처럼 중국인에게 친근함을 불러일으키거나, 외국 기업이지만 중국 문화와 중국인의 삶을 존중하고 중국인과 하나가 되려고 노력한다고 느끼게 만들어서 중국 시장에서 좋은 반응을 얻고 있는 사례입니다.

시장에서 현지화를 할 것인지 표준화를 할 것인지는 글로벌 기업의 중요한 전략입니다. 물론 표준화나 현지화 중 어느 한쪽이 절대적으로 옳은 것은 아닙니다. 상품에 따라 표준화를 추구해야 할 경우가 있고, 현지화를 추구해야 할 경우가 있습니다. 현지화를 한다고 해도 아이템이나 가격의 현지화를 비롯해 여러 가지 현지화 전략이 가능합니다. 물론 중국이 세계의 공장에서 세계의 시장으로 바뀐 지금, 중국 시장에 진출하기 위해서는 현지화가 중요하다고 생각할 수도 있습니다. 하지만 왜 중국 소비자를 직접 상대하는 제품이나 기업의 경우 현지화가, 그중에서도 특히 문화적 현지화가 중요할까요?

우선 문화적 현지화를 통해 중국 시장에서 성공을 거두었다고 평가받는 기업과 제품의 사례를 잠깐 보겠습니다. 먼저 우리나라 기업 스마일게이트의 게임인 크로스파이어입니다. 크로스파이어는 2007년에 한국에서 처음 서비스를 시작했을 때만 해도 반응이 그다지 좋지 않았습니다. 그러다 2008년 7월에 중국에서 정식 서비스를 시작하고 9개월 만에 최다 인원인 100만 명이 동시에 접속했고, 2012년에는 400만 명이 접속하면서 중국에서 대표적인 게임으로 자리 잡습니다.

크로스파이어가 성공한 데는 여러 가지 요인이 있겠지만, 무엇보다 중국 유저의 문화적 취향에 접속하는 현지화가 크게 작용했습니다. 중국에 진출하기 위해 게임을 완전히 중국화한 것입니다. 붉은색과 노란색을 좋아하는 중국 유저들을 고려해 검은색 총기 대신 황금색과 붉은색 문양이 들어간 총기를 만들었고, 캐릭터에 군복 대신 중국 전통 의상을 입혔습니다. 전투 장소도 모든 건물과 간판, 도로 표지판 등을 중국풍으로 바꾸었습니다. 사이버 차이나

타운을 만든 것입니다. 중국 유저들의 성향을 철저히 분석한 결과였습니다.[16]

오리온 초코파이 역시 중국 어느 곳을 가더라도 볼 수 있을 정도로 성공을 거두었습니다. 마시멜로가 들어간 파이가 중국에 없던 새로운 맛이라는 점도 중요한 성공 요인입니다. 여기에 더해 문화 현지화 전략을 펼친 것도 큰 영향을 미쳤습니다. 우리나라에서 판매하는 초코파이에는 '정(情)'이란 한자가 트레이드 마크처럼 새겨져 있지만, 중국 초코파이에는 '인(仁)'이 적혀 있습니다. 광고도 '인' 콘셉트 위주입니다. 광고를 하나 볼까요? 어린이가 기차를 타고 가면서 초코파이를 먹습니다. 그런데 옆에서 소수민족 복장을 한 어린이가 군침을 흘립니다. 결국 초코파이를 쪼개 더 큰 쪽을 소수민족 어린이에게 줍니다. 광고 마지막 장면에 이런 문구가 뜹니다. "인이 있는 곳에 친구가 있다〔有仁, 有朋友〕."

초코파이는 중국에 진출한 뒤로 줄곧 '오리온 초코파이, 좋은 친구〔好麗友, 好朋友〕'라는 콘셉트로 광고를 해왔습니다. 친구는 중국인이 인간관계에서 가장 소중하게 생각하는 가치입니다. 그런데 1990년대 후반부터 중국에서 전통문화를 되살리는 흐름이 일어나자 여기에 약간의 변화를 줍니다. '인' 개념을 추가한 것입니다. 이후 중국 오리온 초코파이 광고는 거의 모두 '인이 있는 곳에 친구가 있다'는 콘셉트를 기반으로 제작되고 있습니다.

'인'은 중국 문화의 상징인 유교의 핵심 가치입니다. 영화〈엽문(葉問)〉을 보면 중국인이 얼마나 '인'이라는 가치를 소중하게 생각하고 중국 문화의 핵심으로 생각하는지 여실히 엿볼 수 있는 대목이 나옵니다. 중국을 점령한 일본군이 엽문을 감옥에 가둔 뒤, 일본군 장교가 엽문에게 제안을 합니다. 엽문이 일본군에게 무술을 가르쳐준다면 풀어주겠다는 것입니다. 하지만 엽문은 거절합니다. 그러면서 이렇게 말합니다. "일본인은 인을 모르기 때문에 무술을 배울 수 없다."

중국인이 중요시하는 '인'은 유교 경전인 《논어》에서 가장 많이 언급되는 가치입니다. 공자는 '인'이 무엇이냐고 묻는 제자 안연(顏淵)에게 "극기복례(克己復禮)"라고 답합니다. 주자(朱子)는 이를 두고서 나의 이기심과 사욕을 이기고 천리(天理)로 돌아가는 것이 바로 '인'이라고 해석합니다. 공자는 또한 번지(樊遲)의 질문에 "다른 사람을 사랑하는 것(愛人)"이라고 답합니다(《논어》〈안연〉). 이렇게 '인'은 중국 문화의 토대인 유교가 이상적인 인격과 사회를 만들기 위해 가장 중요하다고 생각하는 가치입니다. 그리고 1990년대 후반부터 중국공산당의 정책은 물론이고 문화 트렌드에서도 전통문화가 부활하자 초코파이도 이에 맞추어 제품 콘셉트를 조정한 것입니다. 오리온 초코파이는 중국 문화의 핵심이자 중국인이 가장 소중하게 생각하는 가치인 '인'을 콘셉트로 삼아, 중국인의 입맛과 더불어 중국 문화에 접속하고 있는 것입니다.

그런가 하면 배우 추자현은 한 인터뷰에서 본인이 직접 접한 중국 문화에 대해 이렇게 말합니다. "말이 들리기 시작하고, 중국 친구들을 통해 중국 문화를 알면서, 중국이 이런 문화를 갖고 있었구나, 그걸 느끼니까 조금 두려워요."[17] 한국 배우로 접근하기보다는 중국 문화에 대한 이해를 바탕으로 중국어와 중국 문화를 배우면서 중국 연예인과 같이 되려고 했고, 그 결과 성공한 것입니다.

대표적인 다국적 기업인 맥도날드와 KFC는 특정 상품만이 아니라 기업 자체가 문화적 현지화에 성공한 대표적 사례입니다. 두 기업은 마치 경쟁이라도 하듯이 문화적 현지화에 나서고 있습니다. 이들의 문화적 현지화는 우선 중국인의 식습관에 맞추는 것에서 시작합니다. KFC는 2003년 10월에 구기자호박죽과 고추닭고기볶음을 팔기 시작합니다. 죽은 중국인들이 아침에 많이 먹고, 말린 고추에 닭고기를 볶아내는 샹라즈지(香辣子鷄)는 대표적인 중국요리 가운데 하나입니다. KFC는 2000년 이후부터 이렇게 중국 식단을 늘리고 있습니다. 중국 사람들이 아침 식사용으로 많이 먹는 꽈배기와 비슷한 유탸오(油條)도 팔고 죽도 팝니다. 2006년 4월부터는 쌀밥도 팝니다. KFC가 이렇게 중국 토속 입맛에 다가가자 맥도날드도 여기에 가세해서 2006년부터 잇달아 쌀을 원료로 한 제품을 쏟아냅니다. 2016년부터는 죽을 팔기 시작하고, 만두도 팝니다. 그리고 중국인들이 아침에 즐겨 먹는 콩국인 더우장(豆漿)도 팝니다. 햄버거가 포함되지 않은 완전 중국식 아침 세트입니다.

맥도날드와 KFC는 메뉴뿐만 아니라 광고도 현지화합니다. KFC의 한 광고는 당나라 때 충신이 황제에게 간언하는 내용을 배경으로 삼아 새 제품을 광고합니다. 그런가 하면 맥도날드는 1990년대 후반부터 중국 전통 풍속과 가치관을 담은 광고를 집중적으로 내보냅니다. 그중 한 광고는 이렇습니다. 베이징의 전통 주택을 배경으로 아이들이 연을 만듭니다. 아이들은 전통 주택이 줄줄이 이어진 골목을 지나 붉은색 연을 하늘에 날립니다. 그 옆에서는 폭

죽이 터지면서 설날이 다가왔음을 암시합니다. 중국 전통음악이 흐르는 가운데 마지막에 전통 주택의 대문이 닫히면서 붓글씨로 쓴 '만사형통'하라는 축원문이 화면을 가득 채우고, 맥도날드 로고가 표시됩니다.

이렇게 두 기업이 광고에서 중국 전통문화를 적극 활용하는 것은 1990년대 후반부터 중국 전통의 가치를 회복하려는 흐름이 일어나고 있는 것에 대한 대응입니다. 자신들이 중국 전통문화를 소중하게 생각한다는 메시지를 전달하는 것입니다. 이들 기업은 세트 메뉴의 이름을 지을 때도 중국식 이름을 짓습니다. 여러 방면으로 문화적 현지화를 시도하면서 두 기업은 중국인의 마음속으로 들어가고 있는 것입니다.

마음을 얻으려면 중국 문화와 접속하라

중국에 진출하는 다국적 기업이, 그중에서도 소비자를 직접 상대하는 업종의 다국적 기업이 문화적 현지화에 이렇게 심혈을 기울이는 것은 글로벌 기업이 일반적으로 구사하는 마케팅 전략의 하나라고 볼 수도 있습니다. 그런데 이것은 오랜 중국인의 관념 때문이기도 합니다. 중국인이 외국인이나 외국 기업을 대하는 기본 태도와 관련되어 있는 것입니다.

중국 역사로 돌아가서 이 문제를 생각해보겠습니다. 중국을 흔히 한족의 나라라고 하지만, 종종 이민족의 지배를 받았습니다. 중국 전역을 통일한 이민족 왕조로 몽골족의 원나라와 만주족의 청나라가 있습니다. 그런데 중국인은 두 이민족의 왕조도 한족 왕조와 똑같이 자국 역사에 넣고 있습니다. 몽골족·만주족 강점기라는 식으로 보지 않는 것이지요. 역사의 연속성을 판단할 때 민족이 아니라 문화를 기준으로 보기 때문입니다. 이민족이 한족을 지배했지만 오히려 이민족이 한족 문화에 동화되어 한족 문화를 계승하고 보존했기 때문입니다. 중국인에게는 민족의 연속성보다 문화의 연속성이 더 중요한 것이지요. 문화를 자기 정체성의 핵심으로 생각하는 것으로, 중국의 독특한 문화주의입니다. 이를 두고 중국 철학자 펑유란(馮友蘭)은 "중국인이 관심을 갖는 문제는 중국 문화와 문명의 계속성 여부였다. 몽골인과 만주인은 중국 문화를 중단시키거나 바꾸지 않았다. 그래서 원대와 청대는 중국 역사를 잇는 많은 왕조 가운데 두 개의 왕조이다."라고 말했습니다. 이민족이 중국 문화와 문명을 계승하는지의 여부가 이민족의 정체성을 판별하는 데 중요하다는 것입니다.

중국 전통 중화주의의 특징으로 중화와 오랑캐로 나누는 '화이론(華夷論)'을 듭니다. 자신을 수준 높은 문화의 중심에 두고, 문화 수준이 낮은 오랑캐를 비하하는 인식입니다. 화이론에서 중화와 오랑캐를 나누는 기준은 문화이지, 나라나 민족이 아닙니다. 오랑캐도 중화의 문화를 수용하면 '화'의 일원이 될 수 있습니다. 화이론은 자신을 중심에 두고 아(我)와 타(他), 안(內)과 밖(外)을 이분법적으로 나눕니다. 그런 뒤, 자기 문화를 수용하는지 아닌지를 기준으로 상대를 수용할지 배척할지를 결정하는 것입니다. 중국 문화를 수용하면, 그 순간 더는 외국인이나 오랑캐가 아니라 중국의 일부가 됩니다. 자신의 문화가 가장 수준 높다는 것을 전제로 주변을 차등하여 대하는 고약한 자기중심주의 인식입니다.

중국 문화와 중국인의 의식 깊숙이 자리 잡고 있는 중화 의식은 배타적이고 폐쇄적입니다. 자신의 문화를 중심에 두고, 그것을 기준 삼아 남이 자기 세계를 인정하고 동화되기를 바란다는 점에서 그렇습니다. 하지만 다른 한편으로는 개방적이기도 합니다. 누구에게나 문이 열려 있고, 만약 중화의 문화를 인정한다면 누구든 그 세계의 일원으로서 동등한 자격을 얻을 수 있습니다. 중국 문화를 기준으로 한 폐쇄성과 개방성이라는 독특한 이중성이 화이론의 특징입니다.

전통적 화이론에서 기인한 이런 태도는 중국인이 인간관계를 맺는 데에도 나타납니다. 흔히 중국인에게는 세상에 오직 두 종류의 사람밖에 없다고 말합니다. 하나는 자기 사람(自己人)이고 다른 하나는 남(外人)입니다. 중국인은 상대가 남이라고 생각되면 자기 사람과 차등하여 대하고 철저히 무관심하며, 심지어 배척합니다. 하지만 자기 사람의 세계에 들어오면 외국인이든 다른 민족이든 한 가족처럼 대합니다. 중국 인간관계 맺기의 핵심은 이렇게 '남'의 세계에 속해 있는 사람이 지속적인 관계를 통해 '자기 사람'의 세계로 들어가는 데 있습니다.

중국 시장에 외국 기업 신분으로 진출하는 우리 기업을 비롯한 글로벌 기업이 문화적 현지화를 중요하게 생각해야 할 이유가 여기에 있습니다. 중국에 진출하는 우리 기업의 경우 중국인의 입장에서 보면 외국이고, 타자입니다. 당연히 경계심이 작동합니다. 이 외국 기업이 중국에서 돈만 벌고 나갈 기업인지, 아니면 중국에 뿌리를 내릴 것인지를 중요하게 지켜볼 것입니다. 자신이 직접 외국인 기업에 종사하는 직원이라면 더욱 그러할 겁니다.

외국 기업이 중국 내부로 들어오고 중국인과 하나가 되려고 한다면, 그 기업은 외국 기업이면서 중국 기업이 되어 중국인의 마음을 얻게 될 것이고, 그러지 않으면 영원히 외국 기업이 될 것입니다. 그 점을 판별하는 가장 중요한 기준이 중국 문화입니다. 전통적으로 문화를 기준으로 중화 세계와 오랑캐 세계를 구분했듯이, 현대에도 그 기준은 중국 문화에 접속하고 중국 문화를 존중하는지의 여부입니다. 중국의 뿌리 깊은 문화주의 전통 때문에 그렇습니다. 중국에 진출하는 외국 기업에게 문화적 현지화가 중요한 것은 이 때문입니다.

11
중국인은 미국을
어떻게 바라볼까?

동경과 혐오의 교차

왕푸징(王府井)은 베이징 여행에서 빼놓을 수 없는 곳입니다. 100
년이 넘는 역사를 가진 가게부터 명품 가게, 소품과 기념품 가게,
꼬치구이 같은 다양한 먹을거리를 파는 가게가 모여 있는 골목까
지 있습니다. 옛말에 '이곳에 가게를 열면 하루에 황금 한 말은 쓸
어 담는다'고 할 정도로 번성한 상업지역입니다. 늘 사람들이 붐비
는 곳인데, 1992년 4월 24일에는 더욱 많은 사람이 밀려들었습니
다. 미국의 대표적인 패스트푸드 체인점인 맥도날드가 베이징에서
처음으로 문을 열었기 때문입니다.

맥도날드 매장이 들어선 곳은 왕푸징 거리의 남쪽 입구로, 베이
징을 동서로 가르는 중심축인 창안대로와 만나는 곳입니다. 베이
징에서 가장 번화한 곳에 세계에서 가장 큰 맥도날드 매장이 들어

선 것입니다. 좌석이 700석이었고, 카운터는 29개였습니다. 이날 4만 명이 맥도날드를 찾았습니다. 이제 중국에서도 맥도날드 햄버거를 먹을 수 있다는 사실에 많은 중국인이 열광했습니다.

하지만 이를 못마땅하게 생각하는 중국인도 많았습니다. 베이징의 상징인 왕푸징에, 그것도 입구에 커다랗게 맥도날드의 'M'자 간판이 걸리는 것에 중국인들은 화를 냈습니다. 맥도날드는 미국 문화를 상징하는데, 어떻게 베이징의 중심에 매장을 허가해줄 수 있느냐는 불만이었습니다. 중국 정부가 맥도날드를 베이징에 허가한 것은 중국과 미국이 수교하던 1978년에 코카콜라 판매를 허가하면서 개혁개방 정책을 세계에 알린 것과 같은 정치적 메시지를 담고 있습니다. 1989년 톈안먼 사건이 있고 나서 중국공산당은 개혁개방 정책을 지속할지를 두고 논쟁을 벌이다가 결국 지속하기로 결정합니다. 중국공산당은 그런 결정을 세계에 알리는 상징으로 맥도날드를 왕푸징에 허가한 것입니다.

중국 정부의 정치적 메시지와는 상관없이, 맥도날드에 열광하거나 분노하는 중국인의 대조적인 모습은 중국인이 미국을 대하는 이중의 감정을 잘 보여줍니다. 맥도날드만이 아니라 스타벅스나 KFC 같은 미국 소비문화를 상징하는 브랜드를 대하는 중국인의 심리에는 일반적으로 이런 이중의 감정이 존재합니다. 많은 중국인에게 맥도날드 햄버거나 스타벅스 커피는 단순히 커피나 햄버거가 아닙니다. 미국의 최신 문화와 생활양식의 상징물로서 동경과 선망의 대상입니다. 그래서 맥도날드 햄버거나 스타벅스 커피를 먹으면 뉴요커가 되거나 미국 중산층이 된 것 같은 뿌듯함을 느끼는 중국인이 많습니다.

세대에 따라 다른 시각

맥도날드에 대한 서로 다른 반응이 말해주듯이, 미국은 중국인이 선망하는 나라이자 반감을 갖는 나라이기도 합니다. 이런 모순감정은 맥도날드가 베이징에 매장을 열던 무렵부터 지금까지 거의 비슷한 추세입니다. 미국 퓨연구센터(Pew Research Center)는 해마다 세계 주요 국가 국민이 갖고 있는 특정국에 대한 호감도와 혐오도를 조사합니다. 그 결과를 보면 1990년 이후 미국에 대한 중국인의 호감도와 혐오도는 각각 50퍼센트 전후에서 서로 시소를 이룹니다.[18]

이런 경향은 최근 10년 동안 비슷합니다. 미국에 대한 호감도는 2007년에 34퍼센트로 최저치를 기록했고, 2010년에는 58퍼센트로 최고치를 찍었습니다. 이 두 해를 제외하고는 대부분 40~43퍼센트 사이였습니다. 2016년 봄에는 호감도가 44퍼센트였고 혐오도는 이보다 6퍼센트 높은 50퍼센트였습니다. 미국과 중국의 경쟁이 갈수록 치열해지는 추세에 따라 혐오도가 조금 높아지고 있지만, 그래도 호감도와 혐오도가 50퍼센트 전후에서 크게 변하지는 않습니다.

한 가지 흥미로운 점은 최근 몇 년 사이에 미국에서는 중국에 대한 반감이 높아지고 있는데 중국인의 미국에 대한 반감은 그처럼 크게 높아지지 않는 것입니다. 미국을 향한 중국인의 혐오도는

2007년(57퍼센트), 2013년(53퍼센트)을 제외하고는 50퍼센트를 넘지 않았지만, 미국인의 중국 혐오도는 2012년을 전환점으로 계속 높아지고 있습니다. 2012년 40퍼센트였던 혐오도가 2016년에는 55퍼센트로 10년 만에 최고치를 찍었습니다. 반면에 2016년 중국의 미국 혐오도는 44퍼센트였습니다.

여론조사 총계를 보면 미국을 좋게 보는 중국인과 나쁘게 보는 중국인이 거의 반반을 이루고 있지만 세대별로 차이가 있습니다. 짧은 기간에 급격한 변화를 겪은 중국에서도 우리만큼이나 세대별 인식 차이가 심합니다. 미국을 보는 눈도 그렇습니다. 나이가 많은 중국인일수록 미국을 부정적으로 생각합니다. 2016년을 기준으로 18세부터 34세 사이의 중국인 중 36퍼센트가 미국을 혐오했고, 35세부터 49세 사이는 42퍼센트, 50세 이상은 56퍼센트로 제일 높습니다.

여론조사에서 34세와 50세를 기준으로 나눈 이유가 있습니다. 현대 중국의 중요한 역사적 전환점을 기준으로 중국인의 의식을 살펴보려는 의도입니다. 중국에서 34세 이하는 전체 인구에서 약 절반(47퍼센트)을 차지합니다. 이들 세대는 마오쩌둥 사회주의 시대가 끝나고 개혁개방이 본격적으로 추진된 1980년 이후 출생한 세대입니다. 마오쩌둥 시대에 대한 기억이 없는 세대이자 개혁개방 시대를 상징하는 세대, 시장경제 세대입니다. 중국 경제성장의 혜택을 받으면서 자라난 이른바 '새로운 중국인(New Chinese)'입니다. 이 세대는 미국을 우호적으로 보는 비율이 다른 세대보다 높습니다.

이에 비해 미국을 가장 부정적으로 보는 세대인 50세 이상은 전체 인구에서 약 11퍼센트를 차지합니다. 이들은 문화대혁명이 시작된 1966년 이전에 태어난 세대로 마오쩌둥 사회주의 시대를 경험한 마지막 세대이자, 시진핑 주석이 그렇듯이 중국공산당과 정부를 이끌고 있는 세대입니다. 현대 중국에서 미국을 가장 적대시하고 반미 운동이 가장 심하게 전개된 때가 마오쩌둥 사회주의 시대인데, 이때 성장한 세대가 미국에 대한 부정적 여론을 주도하고 있습니다.

마오쩌둥 시대의 반미 감정

지금 50세 이상인 중국인은 반미 의식과 함께 성장한 세대입니다. 이 세대의 반미 의식을 베이징 대학 교수를 지내고 비판적 지식인의 상징이라는 평가를 받는 첸리췬 교수의 회고를 통해 살펴보겠습니다.[19] 첸리췬은 1939년생으로, 사회주의 정부가 들어선 이듬해인 1950년에 중학교에 입학하고 1956년에 대학에 입학하여 1960년에 졸업한 사람이어서 마오쩌둥 시대에 소년기와 청년기를 보낸 중국인을 상징합니다. 그는 자기 세대가 당시 세계 질서를 이해하는 데 가장 큰 영향을 미친 것이 이른바 '항미원조(抗美援朝)' 전쟁과 그 이후에 전개된 반미 교육이라고 말합니다. 중국에서는 한국전쟁을 미국에 대항하고 조선을 돕기 위해 벌인 전쟁이란 뜻으로 항미원조 전쟁이라고 부릅니다.

첸리췬은 중국 사회주의 정부가 수립된 이듬해에 터진 한국전쟁에 중국이 참전하여 미국을 주축으로 한 연합군과 전쟁을 하고 그 이후 미국이 중국을 봉쇄하는 등 냉전적 대립을 하는 과정에서 자기 세대가 자연스럽게 반미 의식을 지니게 되었다고 말합니다. 그 시절에 각종 미국 성토 대회에 참여하고 제국주의 침략사 등을 집중적으로 배우면서 미국을 멸시하는 '멸미(蔑美)', 미국을 우습게 보는 '경미(輕美)', 미국을 원수로 생각하는 '수미(讐美)' 의식을 지니게 되었다는 것입니다.

첸리췬의 회고에서 짐작할 수 있듯이, 1950년대 중국에서는 반미가 교육과 생활의 일부였습니다. "일이삼사오, 산에 호랑이를 잡으러 가자, 호랑이는 사람은 안 먹지, 트루먼만 먹지." 1950년대에 중국 아이들이 고무줄놀이를 하면서 부른 노래입니다. 그 시절을 지나온 중국인이라면 모두가 기억하는 노래입니다. 이 노래에 등장하는 트루먼(Harry S. Trumam)은 당시 미국 대통령입니다. 트루먼은 한국전쟁 때 연합군이 만주 지역까지 공격할 것을 주장하여 중국이 한국전쟁에 개입하는 빌미를 제공한 더글러스 맥아더 유엔군 총사령관을 해임시킨 인물입니다. 하지만 트루먼은 중국을 위협하는 미 제국주의의 상징이 되어 중국 아이들 노래 속에서 인간 이하 취급을 당했습니다. 이 노래를 보면, 당시 반미가 주요 국가 이데올기로서 중국 사회에 얼마나 넓게 퍼졌는지를 짐작할 수 있습니다. 우리나라 어린이들이 고무줄놀이를 하면서 "무찌르자 오랑캐(즉 중국군) 몇백만이냐, 대한남아 가는 데 초개로구나."를 부르면서 중국(당시 호칭으로는 중공)에 대한 적개심을 키울 때, 중국 어린이들은 미국에 대한 적개심을 키운 것입니다.

그런데 중국이 한국전쟁에서 미국을 중심으로 한 막강한 전력의 연합군과 싸워서 밀리지 않았고, 정전협정에서도 당사자 역할을 한 것이 중국인에게 민족적 자부심을 가져다주는 계기가 되기도 했습니다. 1949년 10월 1일 마오쩌둥은 사회주의 중국의 수립을 선포하면서 "중국인이 이제 일어섰다."고 선언했는데, 그 말을 실감하게 된 것입니다. 첸리췬은 이를 두고 "거의 모든 중국인이 중국이 이제 일어섰고 세계 구도에서 독립적이고 평등한 지위를 획득했다는 민족적 자부심을 가졌다."고 회고했습니다. 예나 지금이나 중국인은 스포츠든 경제력이든 미국과 대등해졌다고 할 만한 일이 생기면 민족적 자부심을 느낍니다.

　미국을 제국주의 국가로 보면서 가장 부정적으로 생각한 시기는 마오쩌둥 사회주의 시대 중에서도 초·중반기인 1949년부터 1972년까지입니다. 1972년에 리처드 닉슨이 중국을 방문하여 마오쩌둥과 손을 잡고 마오타이 술을 마시고, 양국 탁구 선수가 경기를 했습니다. 미국과 중국 사이에 이른바 '핑퐁 외교'가 펼쳐지자 그동안 반미 의식에 빠져 있던 많은 중국인은 당황했습니다. 하지만 중소 분쟁이 격화되는 가운데 소련을 견제하기 위해 미국과 전략적으로 화해하려는 중국, 중국과 소련이라는 양대 공산 대국을 분열시키는 한편 현실적 이익을 위해 중미 관계를 개선하려는 미국의 전략이 맞물려서 중미 화해 시대가 열립니다. 그리고 중국인의 반미 의식은 주춤해집니다.

짧게 막을 내린 미국 열풍

마오쩌둥이 죽고 덩샤오핑이 개혁개방 정책을 시작한 1979년부터 1989년 톈안먼 사건이 일어나기 전까지는 중미 관계가 가장 좋았던 시기입니다. 1979년 1월에는 덩샤오핑이 처음으로 중국 정부 대표단을 이끌고 정식으로 미국을 방문합니다. 덩샤오핑은 카우보이모자를 쓰고 로데오 경기를 관람하여 당시 미국인이 갖고 있던 '빨갱이 중국(Red China)' 이미지를 불식시킵니다. 1980년대는 중미 밀월기였습니다. 중국 텔레비전에서 미국은 친절하고 자상한 이미지로 소개되었고 미국 관련 연구소가 설립되었으며, 미국에 대한 관심이 크게 높아졌습니다. 1980년대 중국에서 유행한 신조어에 '디스코(迪斯科)'와 '토플(托福)'이 들어 있습니다. 중국 젊은이들이 미국의 대중문화에 열광하기 시작하면서 미국 대학에 가기 위한 토플 시험 열풍이 분 것입니다.

마오쩌둥 시대의 중국인에게 미국은 자본주의 부패 국가이자 대표적인 제국주의 국가였지만, 개혁개방 정책을 택한 뒤로 미국은 중국이 현대화를 실현하는 데 가장 본받아야 할 나라가 됩니다. 특히 낙후된 중국의 현실에 분노하고 중국공산당에게 정치적·경제적 개혁을 강하게 요구하던 지식인들이 가장 흠모했던 나라가 미국이었습니다. 1980년대 대표적인 반체제 지식인인 팡리즈(方勵之)의 경우에서 보듯이, 많은 중국 지식인이 미국식 기준에 따라 중국을 개혁하라고 주장했습니다. 1989년 톈안먼 민주화 운동을 주도한 대학생 중에도 이런 생각을 한 사람이 많았습니다. 톈안먼 민주화 운동의 핵심 인물로 줄기차게 미국식 민주화 개혁을 요구하다가 오랜 감옥살이 끝에 세상을 떠난 류샤오보(劉曉波)가 대표적인 인물입니다.

하지만 톈안먼 민주화 운동이 탱크에 진압당하고 비극적으로 막을 내린 순간, 중국 사회를 뒤흔든 미국 열풍도 막을 내립니다. 공교롭게도 베이징 중심가에 맥도날드 매장이 문을 연 1992년 이후 중미 관계가 다시 나빠지기 시작하고 미국을 보는 중국인의 마음도 변하기 시작합니다. 그런 변화를 반영한 드라마가 1994년 1월 1일부터 CCTV에 방영되어 선풍적인 인기를 누립니다. 〈뉴욕의 베이징인(北京人在紐約)〉이라는 드라마입니다. 첼리스트인 남자 주인공과 그의 아내가 아메리칸 드림을 목표로 돈 한 푼 없이 뉴욕에 가서 갖은 고생 끝에 성공하지만 결국 망합니다. 당시 중국 드라마로서는 드물게 미국 현지 촬영을 하여 뉴욕의 생생한 모습을 중국인에게 보여주었습니다. 이 드라마는 다음과 같은 자막과 함께 시작했습니다.

당신이 그를 사랑한다면 뉴욕으로 보내라. 그곳은 천국이니까.
당신이 그를 미워한다면 뉴욕으로 보내라. 그곳은 지옥이니까.

1980년대 중국인에게, 특히 중국 지식인에게 미국은 천국이었습니다. 하지만 1990년대 중국인에게 미국은 이제 천국이자 지옥으로 여겨지기 시작합니다. 마오쩌둥 시대에 미국을 보는 눈이 부정 일변도였고 1980년대에는 긍정적인 시각이 주류였다면, 1990

년대부터 미국을 긍정적으로 보기도 하고 부정적으로 보기도 하는 복합적인 시각이 자리를 잡습니다. 그리고 중국이 빠르게 성장하면서 중국인의 민족적 자부심도 갈수록 높아지는 반면에 미국이 중국을 봉쇄하는 정책을 펴기 시작하자, 중국인 마음에서는 반미 민족주의 정서가 높아지기 시작합니다.

미국을 최대 위협국으로 생각하는 중국인

1992년 미국 민주당 클린턴 정부가 들어선 뒤 중미 관계가 악화되기 시작합니다. 중국의 민주화와 인권 문제를 더욱 집중적으로 거론하는 등, 미국은 소련이 해체된 뒤 유일한 사회주의 대국인 중국을 견제하기 시작합니다. 1994년 말에 미국에서 실시된 여론조사를 보면 57퍼센트의 미국인이 중국의 발전이 미국을 위협하게 될 것이라고 응답하는 등, 미국 사회에서 중국 공포감이 확산되고 중국을 경계하는 목소리가 높아지는 가운데 중국 봉쇄론이 대두하기 시작합니다.[20]

중미 관계가 악화되기 시작한 가운데 중국에서 미국을 보는 긍정적 시각을 밀어내고 부정적인 시각을 확산시키게 되는 일련의 사건이 1993년부터 1995년 사이에 일어납니다. 먼저 1993년 7월에 미국이 서아시아로 항해하는 인허호(銀河號)라는 중국 화물선에 이란에 공급하려는 화학무기의 원료가 실려 있다는 이유로 함대와 비행기를 동원해 추적하다가 공해상에 정지시키고 3주간 억류하는 일이 벌어집니다. 조사 결과 아무것도 발견되지 않았습니다.

그러자 중국인이 격분합니다. 중국이 미국에게 치욕을 당했다고 생각한 것입니다.

중국 국민은 미국에게 항의해야 한다고 했지만 중국 정부는 미온적이었습니다. 중국 정부로서는 미국을 자극하지 말아야 할 중요한 이유가 있었습니다. 새로운 세기를 맞이하게 될 2000년에 베이징에서 올림픽을 개최하려고 국제올림픽위원회에 신청을 해둔 상태였고, 투표가 9월로 임박했기 때문입니다. 그해 9월 23일 새벽 2시에 실시된 최종 투표에서 베이징은 시드니에 밀려 2000년 올림픽 개최에 실패합니다. 4차 투표까지 가는 접전이었고, 3차까지는 베이징이 내내 선두를 차지했지만 마지막에 두 표 차이로 시드니에게 밀렸습니다. 중국인들은 마지막에 미국과 영국이 조직적으로 시드니를 밀어서 베이징이 실패했다고 분노했습니다. 중화 민족의 간절한 여망을 미국이 짓밟았다고 생각한 것입니다.

끓어오르는 미국에 대한 분노에 기름을 붓는 일이 연이어 벌어집니다. 먼저 예민한 타이완 문제가 불거집니다. 미국은 타이완 독립을 주장하던 타이완 총통 리덩후이(李登輝)가 미국을 방문하는 것을 허락하고 미국에 간 리덩후이 총통은 코넬 대학에서 연설을 합니다. 이를 두고 중국인은 미국이 중국의 통일을 막고 분열시키려 한다고 거세게 비판합니다. 당시 서점가에서는 《노(No)라고 말할 수 있는 중국(中國可以說不)》,《중국은 왜 노(No)라고 말하는가(中國爲什麼說不)》,《중국을 악마로 만드는 배경(妖魔化中國的背後)》 등 중국인의 반미 정서에 부응하고 더욱 부추기는 책들이 베스트셀러가 됩니다. 1999년에는 유고연방을 공습하던 나토 전투기가 베오그라드 주재 중국대사관을 폭격하는 일이 발생하자 격렬하게 반미 시위를 벌이기도 합니다. 2008년 베이징 올림픽 성화 봉송 과정에서 행사를 방해하는 일이 일어난 것도 반미 감정을 크게 높이는 계기가 되었습니다.

이런 일련의 사건을 겪고 나서 미국을 보는 중국인의 생각이 달라집니다. 미국은 이제 중국의 통일을 방해하면서 중국이 세계에 영향력을 확대하는 것을 막으려는 국가로 여겨집니다. 이런 시각은 1990년대 중반 이후 지금까지 중국인의 마음에 일관되게 자리 잡고 있습니다. 2016년 봄 조사에 따르면, 중국인 가운데 중국이 강해지는 것을 미국이 방해하려고 한다고 생각하는 사람이 52퍼센트였고, 중국을 가장 위협하는 요소로 미국의 힘과 영향력을 꼽은 사람이 45퍼센트였습니다. 더구나 중국인의 3분의 2가량인 75퍼센트가 최근 10년 동안 중국이 세계에서 좀 더 중요한 역할을 하고 있다고 믿는 상황에서, 미국이 중국을 가장 방해하는 나라라고 여기는 것입니다.

중국 경제가 성장하고 국력이 커지면서 중국 문화의 가치를 재발견하고 그것을 존중하는 중국인들이 빠르게 늘어나고 있습니다. 중국이 낙후되어 있을 때는 중국 문화와 역사를 낙후의 원인으로 생각하면서 부정했지만, 경제가 성장하자 이제 중국 역사와 문화에 자부심을 갖게 된 것입니다. 그래서 미국 문화나 서구 문화에서 중국 문화와 역사를 지키려는 문화 보수주의나 문화 민족주의 정서가 확대됩니다. 2016년 여론조사에서 77퍼센트의 중국인이 외국 문화의 영향에서 중국인 고유의 생활양식을 보호할 필요가 있다고 응답했습니다. 이 수치는 2002년보다 13퍼센트나 늘어난 것으로 매년 증가하고 있습니다.

이런 흐름은 21세기 이후 더욱 강해지고 있습니다. 중국이 G2 대국으로 떠오르게 되자 미국의 군사적 위협에서 중국을 지켜야 한다는 생각만이 아니라, 미국의 문화와 제도에서 중국을 지켜야 한다고 생각하는 중국인이 꾸준히 늘어나고 있는 것입니다. 요컨대 중국인들이 점점 서구적인 것과 미국적인 것 대신에 중국 고유의 의미를 재발견하는 쪽으로 움직이고 있습니다.

중국이 성장하면서 미국과 중국 사이의 갈등도 빠르게 깊어지고 있는데, 앞으로는 한층 더 깊은 차원으로 확대될 것으로 보입니다. 그 갈등은 군사와 경제 차원을 넘어서 가치와 제도, 문화, 생활 방식 등 전방위적인 차원으로 전개될 것으로 보입니다. 이런 대립은 문명론적 대립이어서 군사적 대립이나 경제적 대립보다 한층 깊고 오래 지속될 수 있습니다. 21세기 세계사의 쟁점입니다.

12
선거 민주주의를
비판하는 중국

서구의 길을 거부하는 중국

2016년 미국 대선에서 도널드 트럼프가 당선되고 유럽에서 잇달아 포퓰리즘 정치 세력이 집권하면서 세계적으로 민주주의의 한계와 위기에 대한 지적이 많이 나왔습니다. 공산권 국가들이 몰락하던 1989년, 역사는 자유 민주주의의 승리로 끝났다고 선언한 미국의 대표적인 정치학자 프랜시스 후쿠야마도 민주주의의 위기를 지적했습니다. 그는 미국이 이미 실패한 국가라면서 자유 민주주의(liberal democracy)의 민주 부분이 자유 부분에 보복하고 있다고 말했습니다.[21] 민주 선거가 자유를 억압하는 결과를 낳고 있는 현실을 비판한 것입니다.

우리에게 민주주의는 수많은 희생을 통해 이룩한 것이어서 더는 질문이 필요 없는 자명한 명제입니다. 물론 민주주의도 다른 모든 정치제도가 그러하듯이 완전무결한 완성체일 수 없습니다. 하지만 민주주의의 정당성에 대한 믿음 때문에 한계나 본질적인 문제점에 주의를 덜 기울이거나 민주주의가 잘 작동하는지 감시하는 데 소홀하곤 합니다. 재미 정치학자 남태현의 지적대로, "민주체제란 그토록 열망해서 피를 흘리고 얻은 것이기에 소중하지만, 어쩌면 그렇기 때문에 이 체제의 단점에 대해서는 많이들 토론하지 않"[22]습니다.

선거만 해도 그렇습니다. 흔히 민주주의의 꽃이 선거라고 말합니다. 하지만 선거는 투표하는 순간만 우리가 주인인 경우도 많습니다. 우리가 주인이 아니라 우리 주인을 뽑는 것은 아닌지, 왜 우리가 뽑은 지도자는 당선된 뒤 우리를 배반하고 대다수 국민이 아니라 자신을 지지하는 사람만 보고 나라를 운영하는지, 우리를 대신해 정치를 할 만한 능력이 있는지, 우리가 능력을 보고 투표하는 것이 아니라 인기투표 식으로 표를 주고 있는 것은 아닌지 등 숱한 문제가 있습니다. 민주주의의 한계와 문제점에 대해 성찰이 필요합니다.

2018년 3월 중국이 국가주석의 임기 제한 규정을 철폐하면서 중국 정치가 또다시 전환점을 맞았습니다. 장쩌민과 후진타오는 10년 동안 집권한 뒤 물러났지만, 임기 제한이 사라진 상태에서 시진핑 주석이 과연 언제까지 집권할지가 불분명해졌습니다. 개혁개방 이후 중국 정치의 상징이라고 할 수 있는 집단지도체제에도 변화가 일어났습니다. 개헌을 통해 시진핑의 권력이 강화되면서 중국 특유의 집단체제가 지속될 것인지 아닌지 논란이 되고 있습니다. 일부에서는 집단지도체제가 무너졌다고 봅니다. 개혁개방 이후 중국공산당은 정치국 상무위원이라는 최고 집단이 권력을 나누어 가졌습니다. 7~9명의 상무위원이 각 분야의 최종 책임을 맡는 구조입니다. 그런데 시진핑이 마오쩌둥과 같은 막강한 권위와 권력을 지니게 되면서 일인 통치 체제로 전환되고 기존의 집단지도체제가 무너졌다고 봅니다.

물론 이와 다른 견해도 있습니다. 시진핑의 권력이 강화된 것은 맞지만, 그렇다고 집단지도체제 자체가 무너진 것은 아니라고 보는 입장입니다. 기존 체제가 상무위원들이 기계적으로 권력을 고르게 나누어 점유하는 상태였다면, 지금은 시진핑에게 '핵심'이라는 차별적 지위를 부여하여 최종 결정의 권한을 준 것이라고 봅니다. 장쩌민 시대에 있다가 후진타오 시대에 사라졌던 '핵심' 지위를 복원한 것으로, 집단지도체제는 여전히 유지되고 있다고 보는 것입니다.[23] 하지만 집단지도체제가 기본적으로 유지되는 가운데 시진핑 권력이 강화되었다고 하더라도 어쨌든 이는 새로운 변화입니다.

이러한 변화 말고도 중국 정치의 향방과 관련해 시진핑 시대가 중국 내외에 보내는 가장 강력한 메시가 있습니다. 중국은 서구의 기대와는 달리 서구 방식의 민주주의 길을 가지 않을 것이라는 점입니다. 시진핑과 중국공산당은 개헌을 전후해 이른바 '네 가지 자신감'을 강조했습니다. 중국의 길, 중국의 제도, 중국의 이론, 중국의 문화에 대한 자신감입니다. 이를 보면 적어도 시진핑이 중국공산당을 책임지고 있는 동안만큼은 서구식 민주주의의 길을 갈 가능성은 없다는 게 분명해졌습니다.

시진핑과 중국공산당의 생각만 그런 것이 아닙니다. 당분간은 중국에서 서구식 민주주의를 요구하는 움직임이 대규모로 일어날 가능성은 거의 없어 보입니다. 중국공산당이 곧 국가인 강력한 중앙집권 방식의 당-국 체제(party-state system)와 엘리트 권위주의 통치, 당내 의사 결정 과정에서는 민주적 토론을 중시하지만 최종 결정 이후에는 조직과 상부의 결정에 절대 복종하는 민주 집중제, 최고 지도부의 분권 형태인 집단지도체제 등 중국공산당 특유의 통치 체제가 상당 기간 지속될 것으로 보입니다.

물론 중국에도 류샤오보처럼 서구와 같은 민주주의를 도입해야 한다고 주장하거나 사회주의 다당제를 요구하는 등, 다양한 민주화 논의가 여전히 있습니다.[24] 그리고 부분적으로는 일부 기층 지역 단체장을 주민 투표로 선정하는 등 민주주의 실험을 하고 있기도 합니다. 하지만 적어도 당분간은 중국이 서구와 같은 민주주의 체제로 변화할 가능성은 없습니다. 서구 민주주의, 특히 선거 민주주의가 지닌 문제점에 대한 비판은 갈수록 늘어나고 있고, 중국 체제의 장점에 대해서는 더 당당하게 성과를 인정하는 중국의 현실을 감안할 때 그렇습니다.[25]

민주주의 체제를 어떻게 정의하느냐에 따라 다르겠지만, 만일 민주주의를 이루는 핵심이 자유롭고 경쟁적인 선거를 보장하는 정치제도라고 한다면,[26] 우리처럼 자유로운 선거를 통해서 국가권력자를 뽑는 민주화는 당분간 중국에서 이루어지지 않을 것입니다. 이를 두고 중국 정치가 과거에도 그러했고 앞으로도 전혀 변화가 없는 정치적 동결 상태가 계속될 것이라고 해석해서는 곤란합니다. 영국의 국제 관계 전문가인 마크 레너드(Mark Leonard)는 개혁개방 이후 30년 동안 중국 정치는 경제만큼이나 변해왔다면서, 다만 서구가 만족스럽게 생각하는 방향으로 가지 않을 것이라고 말했습니다.[27] 시진핑 시대의 중국을 보면 그럴 가능성이 더욱 커졌습니다. 중국은 서구와 같은 정당정치, 선거 민주주의의 길을 가지 않을 것으로 보입니다. 그래서 일부 정치학자는 이제 중국공산당과 서구식 정당 사이의 경쟁이 시작되었다고 보기도 합니다.

중국이 선거 민주주의 방식을 비판하는 다섯 가지 논리

서구 사회에서 민주주의가 위기를 맞는 가운데 중국에서는 서구 사회의 정당정치 체제, 선거 민주주의를 비판하는 목소리가 커지고 있습니다. 중국공산당과 정부, 관방학자만이 아니라 일부 지식인과 일반 중국인도 서구 민주주의의 한계를 지적하는 시각이 많습니다. 서구식 정당정치와 선거 민주주의는 중국 고유의 통치 체제에도 맞지 않고, 그것을 도입하면 중국에 혼란이 일어날 수 있다고 여기는 것입니다. 중국은 전통적으로 중앙집권적인 권력 구조와 과거제도를 통해 선발된 우수한 엘리트 관료 체제에 따라 통치되어왔는데, 지금 중국공산당의 통치 체제는 그 계승이라고 보는 것입니다.

우리는 중국공산당의 통치 체제를 사회주의 통치 체제라고 보는 경향이 있습니다만, 중국공산당과 중국인은 이를 중국 전통 시대의 통치 체제와 유사하다고 봅니다. 중국공산당이 서구 방식의 민주주의로 나아가는 것을 거부하는 첫 번째 논리는 이것입니다. 중국공산당의 통치 방식이 서구식 정당정치 체제보다 더 중국의 역사적 경험과 중국의 현실에 부합한다는 것입니다. 그러므로 중국공산당은 사회주의 방식으로 통치하는 정당이라기보다는 중국 전통 방식으로 통치하는 정당이 됩니다. 이 경우 중국공산당을 이해할 때 사회주의라는 차원보다 중국공산당의 통치 체제가 전통 시대 왕조 국가의 통치 체제와 무엇이 같고 다른지를 검토해야 하는 새로운 과제가 생깁니다.

중국공산당의 통치 방식이 전통 시대의 통치 방식에 부합한다는 논리는 국가 지도자 선출 방식에 대한 중국과 서구 사이의 차이로 나아갑니다. 중국이 서구의 선거 민주주의를 비판하는 두 번째 논리는 중국은 능력 있는 사람을 지도자로 선호하는데, 서구의 선거 민주주의는 그런 국가 지도자를 선발하는 데 치명적인 약점을 지니고 있다는 것입니다. 이런 논리를 가장 강하게 뒷받침하는 실패 사례로 두 가지가 거론되기도 합니다. 트럼프의 미국 대통령 당선과 우리나라의 탄핵 사태입니다. 우리나라의 탄핵 사태에 중국인들도 관심이 많았습니다. 박근혜 대통령 탄핵 사건이 일어났을 때 중국 웨이보에 이런 글들이 올라왔습니다.

한국은 그래도 민주적이다. 대통령이 법을 어기면 서민과 같이 죄를 받는다.

─野村之人

한국은 민주화의 세례를 겪었다. 30년 후에 보니 이 제도와 한국 사회는 잘 맞지 않는다. 대통령마다 끝이 좋지 않고, 당쟁은 격렬하다.

재벌과 정부의 관계가 긴밀해서 부패 문제가 근절되기 어렵다.

— 瓦爾登湖水怪

한국은 그래도 희망이 있다. 우리나라에 이런 일은 한국보다 많다. 하지만 우리나라 국민은 참을 줄만 알고, 참는 것이 미덕이라고 말한다.

— 雙魚座牽牛花

　광장에서 마음껏 정치적 주장을 펴고 대통령에게도 죄를 묻는 우리를 부러워하기도 하고, 이를 통해 중국 현실을 비판하기도 합니다. 그런데 한편으로는 우리나라 민주화의 한계와 부정적 결과를 비판하는 중국인도 많습니다. 예전에 국내 한 언론에 소개된 것처럼, "선거가 아닌 중국식 지도자 선출 시스템이라면 박근혜 대통령은 결코 최고 지도자가 되지 못했을 것"이고, "중국이라면 박근혜 같은 이는 경쟁에서 진작 탈락했을 것"이라고 생각하는 중국 사람이 많습니다.[28]

　중국에는 미국이나 우리처럼 직업으로서 정치를 하는 정치인이 없습니다. 변호사나 교수 같은 일을 하다가 어느 날 갑자기 정치판에 뛰어들어 국가주석을 할 수 없는 구조입니다. 중국에서 정치인은 동시에 관료이자 행정가로서 양성됩니다. 시진핑도 그러했습니다. 기초 행정조직에서부터 시작해 국가주석이 되기까지 수많은 경쟁과 검증을 거쳤습니다. 시진핑은 촌(村)에서 6년, 현(縣)에서 3년, 3개 시(市)에서 11년, 3개 성(省)에서 11년, 총 31년간 행정 경험과 정치 경험을 쌓았습니다.[29] 많은 중국인이 국가 지도자를 뽑는 중국 시스템이 미국이나 한국보다 더 낫다고 말할 때 가장 많이 꼽는 이유입니다. 미국이나 우리나라 대통령은 이런 경험이 없는 경우가 많습니다.

시진핑뿐만 아니라 중국공산당이나 국가 고위직에 오르려면 대부분은 말단 행정조직부터 행정 경험과 정치 경험을 쌓고 행정 능력, 통치 능력, 정치 역량을 검증받으면서 성장합니다. 그래서 흔히 중국 지도자 가운데 부패한 사람은 있을지언정 바보나 무능한 사람은 없다고 농담하기도 합니다. 중국 학자들은 이렇게 국가 지도자를 선출하는 방식이 경쟁 선거 체제에서 선동이나 포퓰리즘을 바탕으로 당선되는 것보다 더 적합한 인물을 뽑을 수 있다고 말합니다. 칭화 대학 교수 옌이룽(鄢一龍)은 "재상은 주군(州郡)을 다스린 경험이 있는 자 가운데 나오기 마련이고, 맹장은 병사들 가운데 나오는 법"이라는 말을 중요하게 여기고,[30] '현명한 사람을 선발하고 유능한 사람을 임명한다'는 '선현임능(選賢任能)'의 원칙은 중국 전통 시대부터 지금까지 지속하고 있는 중국 고유의 선출 방식이라고 말합니다. '현능(賢能)'은 유교에서 강조하는 가장 중요한 인재 기준입니다. '현명함'과 '유능함'은 분리될 수 없습니다. 재능 있는 사람이 성품이 나쁘면 더 나쁜 짓을 하기 때문입니다. 중국에서는 이런 사람을 간사한 인간, '간인(奸人)'이라고 불렀습니다.[31] 이처럼 중국 전통적 인재관인 현명함과 능력을 겸비한 사람을 선발하는 데 다수결을 바탕으로 한 선거 시스템은 적합하지 않다는 것입니다.

중국이 선거 민주주의를 비판하는 세 번째 논리는 정당정치의 기본 원리와 관련됩니다. 서로 경합하는 정당을 기반으로 국가 지도자가 선출되는 시스템에 대한 비판입니다. 일반적인 선거 민주주의는 정당이 경쟁하는 과정에서 국민도 지지하는 정당에 따라 나뉘게 되고, 다수표를 얻은 사람이 정당의 지도자에서 국가의 지도자로 부상합니다. 그런데 국가 지도자가 된 뒤에도 여전히 자신을 지지한 정파의 지도자 역할만 하는 경우가 많지요. 중국은 바로 이 점을 비판합니다. 국가 지도자가 된 이상 국민 전체를 위해 정치를 하고 나라를 운영해야 하는데, 자신의 정당을 기반으로 하여 자신을 지지하는 사람만 보고 정치를 하게 된다는 것입니다.

이는 현대 정당정치에 대한 관점이 근본적으로 다른 지점입니다. 정당은 정치적 주의나 주장이 같은 사람들이 정권을 잡고 이상을 실현하기 위해 조직한 단체입니다. 정권을 잡은 뒤에는 같은 주의, 같은 주장, 같은 이익을 공유하기 위한 정책을 펼칩니다. 그런데 중국 정치학자인 베이징 대학 교수 판웨이(潘維)는 이 점을 비판합니다. "이익 집단은 당파를 조직하고, 당파의 대표는 상대적 다수표 지지자에 의거하여 정치권력을 획득하고, 정치권력을 통해 소속 집단의 이익을 보호한다."[32] 전체 국민과 국가를 생각하기보다는 자신을 지지하는 사람과 집단의 이익을 보호하는 것이 문제라는 것입니다.

판웨이는 여기서 한 걸음 더 나아가 '정당'에 대한 서구와 중국의 인식 차이를 지적합니다. 그에 따르면 중국에는 서구와 같은 '파티(party)' 개념이 없습니다. 그는 '당(黨)'이라는 한자를 가지고 이를 설명합니다. '당'이란 한자의 조합을 보면 '어둠(黑)'을 '숭상(尙)'한다는 의미라는 것입니다. 물론 이런 식의 파자(破字)에 문자학적 근거는 없습니다. 하지만 '당'이란 글자는 중국 전통 시대에 주로 어둠과 관련된 것으로 풀이하고 폄하의 뜻으로 사용된 것은 분명합니다. '당'을 주로 사적인 이익을 위해 편당 짓는 것, 즉 한쪽으로 치우치는 편(偏)의 의미로 해석했습니다. 그래서 유교 사상에서도 늘 '당'에 대해 부정적이었습니다. 공자는 이렇게 말했습니다. "군자는 무리를 이루어도 편당을 짓지 않는다(君子群而不黨)."33)

이렇게 자신을 지지하는 사람의 이익을 위한 파당 정치와 비교하여 이들이 강조하는 것은 민본 사상과 이를 바탕으로 전체 국민을 위하는 정치입니다. 판웨이는 "백성만이 오직 나라의 근본이고, 근본이 굳건하면 나라가 편안하다(民惟邦本, 本固邦寧)."는《상서(尙書)》의 언급을 인용하면서, 이를 민본 민주주의라고 부릅니다. 민본주의 정치가 중국의 전통적인 정치 관념이자 중국이 앞으로 추구해야 할 정치라는 것입니다. 그가 보는 서구 민주주의와 중국 민본 민주주의의 차이는 이렇습니다.

민본적 민주주의는 인민대표가 초당적일 것과 백성의 복지에 대한 책임을 공정하고 청렴하게 담당할 것을 요구한다. 서양 민주주의는 세력이 강한 사회집단의 권리를 인정한다. 이익집단의 정치적 대표 간의 당쟁은 서양에서 합법성을 가지고 있다. 그러나 중국에서 집단적인 권력과 이익에 대한 쟁탈인 당쟁 정치는 아무런 정당성이 없다.34)

정치학자만이 아니라 경제학자도 민본적 민주주의가 중국의 전통이라고 강조합니다. 경제학자인 베이징 대학 야오양(姚洋)은 민본주의에서 중국 경제정책의 성과를 찾고 향후 방향을 제시하면서, 정부는 특정 계층에 치우치지 않는 중립성을 지닌 중성(中性) 정부여야 한다고 말합니다. 중국 경제가 개혁개방 이후 30년 동안 성과를 거둔 것은 특정 집단의 이익을 위한 경제정책이 아니라 전체 중국인을 위한 경제정책을 편 덕분이고, 앞으로도 이 방향에서 국가 경제정책을 이끌어가야 한다는 것입니다.[35]

야오양의 중성 정부론은, 서구 국가에서는 민주주의가 경제적 불평등을 해결하는 것이 아니라 조장하고 있고, 자본이 민주주의를 지배하고 있다는 진단에서 나옵니다. 사실 현대 서구 사회의 가장 큰 폐단은 자본이 정치와 국가를 장악한 점입니다. 정치학자인 푸단 대학 장웨이웨이(張維爲) 교수는 이를 두고 민주가 자본화되었다면서 백성이 주인인 민주주의가 돈이 주인인 '전주주의(錢主主義)'로 변질되었다고 비판합니다.[36] 서구 국가처럼 중국도 자본가 계층이 성장하면서 서구 사회처럼 될 위험이 있고, 중국 경제발전의 혜택이 소수에게만 돌아가고 있는 현실을 경계하면서, 민본주의와 이에 바탕을 둔 중성 정부를 강조하는 것입니다.

선거 민주주의를 비판하는 네 번째 논리는 주로 두 개의 정당이 번갈아 집권하면서 나타나는 정책의 일관성 부족과 자기 당 중심의 집권과 정권 교체, 혹은 정권 연장만 생각하는 단기적 시야입니다. 장웨이웨이는 "정치가는 득표를 위해 인기 영합 정책을 남발하고, 그 결과 국고가 탕진되고 국민이 그 피해를 고스란히 책임져야 하는 사태가 발생한다."37)고 비판합니다. 더구나 트럼프 행정부가 집권한 이후 오마바 행정부의 정책을 뒤집는 것에서 보듯이 대개는 각 정당이 번갈아 집권하면서 앞선 정부의 정책을 뒤집는 엄청난 매몰비용(sunk cost)이 발생하게 된다고 비판합니다.38)

다섯 번째 선거 민주주의를 비판하는 논리는 선거가 민심(民心)을 대변하는 기능을 제대로 하지 못한다는 것입니다. 선거에서 서로 투쟁하고 대립하는 이익집단이 표를 통해 자신의 대표를 선출하는 민의와 이보다 더 폭넓은 민심을 구별하면서, 민심이 민의보다 더 중요하다고 말합니다. 판웨이는 "민심은 눈앞의 이익과 장기적인 이익, 부분적인 이익과 전체적인 이익 등의 균형을 유지해준다."39)고 말합니다. 하지만 민의는 중장기적으로 국가의 비전을 제시하는 능력이 현저히 떨어질 뿐만 아니라 특정 집단의 민의에 힘입어 당선된 뒤에 전체 국민은 물론이고 자신을 뽑은 사람들마저 저버리는 경우가 허다하다고 비판합니다.

이를 중국 사회과학원의 팡닝(房寧)은 서구가 누구를 요리사로 뽑을지에 대해 관심을 둔다며, 중국은 요리사보다는 요리에 관심을 갖는다고 말합니다. 서구의 경우 고객이 요리사를 결정할 수는 있지만 그 요리사가 무슨 요리를 만들지는 결정하지 못합니다. 반면에 중국의 경우 요리사는 오직 중국공산당뿐이지만 고객이 원하는 메뉴, 즉 정책을 선택할 수 있다는 것입니다.40) 요리사가 손님이 원하고 손님을 위한 요리를 내놓는 것이 더 중요하다는 것입니다.

우리는 우리가 원하는 요리를 해달라고 요리사를 뽑았고 선거기간 중에는 요리사도 그러겠다고 약속했습니다. 그런데 막상 당선되고 나자 애초 약속과 달리 요리사 자신이 좋아하는 요리만 하고 자기가 편애하는 몇 사람을 위한 요리만 제공합니다. 이 경우 요리사를 바꾸는 일은 너무 어렵습니다. 이미 정해진 임기를 보장했기 때문입니다. 중국은 이러한 선거 민주주의의 병폐를 비판하는 것입니다.

민주주의 비판, 서구와 중국을 동시에 겨냥하다

물론 중국에서 나오는 선거 민주주의에 대한 비판을 검토할 때는 그 배경에 유의해야 합니다. 특정한 정치적 목적을 지닌 주장이기 때문입니다. 이들 비판은 크게 세 가지 배경을 가지고 있습니다. 첫 번째는 현 중국 정치 체제를 변호하는 보수적인 차원입니다. 중국공산당의 일당 지배 체제의 합법성을 이론적으로 정당화하기 위해서입니다.

두 번째는 최근 중국이 심혈을 기울이고 있는 중국식 발전 모델 차원입니다. 즉 서구와 다른 현대성(modernity)을 추구하는 차원에서 서구 민주주의의 한계를 지적하는 것입니다. 물론 여기에는 사회주의 논리로 자본주의 체제의 핵심인 민주주의를 비판하는 시각도 있지만 그보다는 중국 전통 시대의 정치 관념과 제도를 통해 현대 정치를 비판하면서 새로운 정치 모델을 만들려는 시도입니다.

세 번째는 중국 정부와 중국공산당에 대한 비판 차원입니다. 중국 지식인 사회에서 제기하고 있는 서구 민주주의에 대한 비판은 서구로만 향하는 민족주의, 보수주의 성격만 지닌 것이 아니라 중국공산당과 중국 정부도 겨냥하는 양날의 칼입니다. 중국공산당과 정부가 민본주의 전통을 잊지 말아야 한다는 것, 정부가 자본을 통제해야 한다는 것, 소수 특권층을 위한 정부가 아니라 다수의 국민을 위한 정부가 되어야 한다는 것 등, 중국 정치와 정부가 서구 정치와 정부처럼 변질되면 안 된다는 메시지를 던지고 있는 것입니다.

서구 민주주의를 비판하는 판웨이를 두고 해외에서는 지나치게 친중국공산당 논조라고 비판합니다. 그러나 그가 전통적 민본주의인 '이민위본(以民爲本)'보다 개인주의인 '이인위본(以人爲本)'을 강조하는 중국의 현실을 비판하면서, 중국공산당은 혁명을 할 때는 인민을 필요로 했지만, 자본의 힘이 갈수록 커져가는 중국에서 이제 인민이 필요 없고 자본가와 자본만 필요하냐고 힐문하는 것은[41] 다른 맥락에서 이해할 필요가 있습니다.

민주주의를 두고 중국과 서구 사이에는 많은 시각 차이가 있습니다. 서구는 민주주의 원론 차원에서 중국을 비판합니다. 민주주의라는 보편 가치를 부정하고 있다는 것입니다. 이에 비해 중국은 민주주의 원론 차원이 아니라 현실 민주주의 차원에서 민주주의를 비판합니다. 서구는 서구 민주주의에 문제가 있기는 하지만 다른 대안은 없다고 말하고, 중국은 서구 민주주의가 유일한 답은 아니며 다른 대안과 다른 정치체제가 가능하다고 주장합니다. 서구는 민주주의의 한계와 문제점을 가볍게 생각하고 중국은 민주주의가 지닌 활력과 장점을 가볍게 생각합니다. 민주주의를 두고 서구와 중국 사이에 접점이 만들어지지 않는 이유입니다.

13

청년들의 초상,
트럼프 지지에서 창업 열풍까지

보수주의자가 되어가는 청년 세대

개혁개방이 시작되고, 각 가정에서 오직 한 자녀만 낳을 수 있는 한 자녀 정책이 시행된 1980년 이후 출생한 사람들을 이른바 '포스트 80세대(post-eighties)', 중국어로 '바링허우(八零後) 세대'라고 부릅니다. 마오쩌둥 사회주의 시대를 산 경험이 전혀 없는 세대여서 '새로운 중국인'이라고도 불립니다. 중국의 미래를 짊어진 이들 중국 청년 세대는 어떤 생각을 하고 있을까요? 몇 가지 사례를 통해 살펴보도록 하겠습니다.

2016년 미국 대선 때 일입니다. 중국 검색 사이트 바이두(Baidu, 百度)의 유명한 지식 문답 BBS인 즈후(知乎)에 도널드 트럼프를 지지하는 글들이 연이어 올라왔습니다. BBS를 주로 이용하는 사람들은 엘리트 청년과 대학생입니다. 해외 유학을 다녀온 사람도 많고 대학원까지 마치고 전문직에 종사하는 성공한 청년이 많습니다. 경력과 직업은 다르지만 거의 모두 개혁개방이 시작되고 나서 태어난 남성들이 대부분입니다.

미국과 중국이 갈수록 날카롭게 대립하는 상황에서 이들은 왜 트럼프를 지지했을까요? 이는 당시 민주당 후보였던 힐러리 클린턴에 대한 반감과 연결되어 있었습니다. 힐러리가 상징하는 백인 주류 정치 지도자와 민주당이 내세우는 진보적 가치에 대한 반감이 트럼프를 지지하는 데 영향을 미친 것입니다.

힐러리는 일반적으로 미국 백인이 생각하는 진보 가치를 상징합니다. 동성애자와 이민자 등 소수자 보호, 정부의 시장 개입, 낙태를 포함한 여성 권리 옹호 등 이른바 정치적인 올바름(political correctness)이라고 하는 가치를 상징합니다. 중국에서 트럼프를 지지하는 신세대 젊은이들은 이런 가치에 염증을 낸 것입니다.

반면에 이와 선명하게 대비되는 트럼프의 가치에 공감합니다. 분배와 평등보다는 시장과 자유경쟁을 강조하고, 미국을 다시 위대하게 만들겠다는 국가주의를 내세우며, 여성이나 소수 인종, 동성애자 등 소수자에 대한 무시 내지는 경멸과 보호무역을 옹호하는 트럼프 주장에 동조한 것입니다. 중국 청년 세대의 보수주의를 보여주는 상징적 현상이었습니다.

중국 근현대사에서 청년들 사이에 보수 우파 사상이 출현한 것은 1930년대 이후 처음입니다. 1930년대 초 국민당을 지지하는 우익 청년들 가운데 이탈리아와 독일의 극우 파시즘을 추종하면서 군국주의, 국가주의 그리고 강력한 지도자에 대한 숭배를 중국에

도입하고자 한 조직이 있었습니다. 1932년 국민당 내부 조직이었던 남의사(藍衣社)가 대표적입니다.

그런데 이후 청년들 사이에 항일운동과 사회주의 사조가 퍼지고 사회주의 정부가 들어서면서 청년 사회의 우익 사상은 자취를 감춥니다. 문화대혁명 시대에서 보듯이 선구적인 청년을 자임하던 사람들은 좌파 급진주의에 빠지기도 했습니다. 그래서 중국 학자들은 1930년대 이후 사라졌던 보수 우파 청년들이 중국이 대국으로 성장하는 21세기 시장경제 시대에 다시 등장했다고 진단합니다.

2016년에 일어난 또 다른 사건은 중국 청년들의 민족주의 성향을 여실히 보여줍니다. 2016년 1월 타이완 총통 선거를 앞둔 때에, 중국 청년들이 타이완 독립을 추구하는 민진당 후보인 차이잉원(蔡英文)의 페이스북을 비롯해 타이완 주요 일간지와 텔레비전 방송국 페이스북을 집단으로 공격한 것입니다. 회원이 2000만 명가량으로, 바이두 BBS 중 가장 인기 있는 디바(帝吧)의 회원들이 한 행동이었습니다. 이들은 페이스북에 중국 대륙 국가를 올리고 대륙 정치 지도자 사진을 올리는가 하면, 타이완과 대륙이 하나임을 강조하는 글이나 시를 올리기도 했습니다. 이들이 내건 구호는 "디바가 출정하면 풀 한 포기 살아남지 않는다"였습니다.

이들은 조직적으로 팀을 나누어 공격했습니다. 타이완 독립 주장 등을 수집하는 정보사업팀, 회원을 모으고 글을 관리하는 선전조직팀, 타이완 독립 주장을 반박하는 그림과 영상을 제작하는 무기장비팀, 해외 관련 정보를 수집하고 해외 중국인들을 연결하는 대외교류팀 등을 운영했습니다. 이들은 교양 있는 언어를 사용하고, 외설적인 내용을 게시하지 않으며, 타이완 독립에 반대하는 것이지 타이완 인민에 반대하는 것이 아니라는 기본 방침을 설정하기도 했습니다.

그런데 1980년대 이후에 태어난 중국의 젊은 네티즌들이 타이완 주요 인사와 언론의 페이스북을 공격한 것과 같은 민족주의, 그들의 표현에 따르면 '애국주의 행동'에 나선 것은 이번이 처음이 아닙니다. 이들은 베이징 올림픽이 열리던 2008년에도 대규모로 애국주의 행동에 나섰습니다. 베이징 올림픽을 맞아 중국에 비판적인 보도를 하거나 티베트 독립운동을 지지하는 CNN이나 BBC를 비롯한 서구 언론에 대대적인 공격을 가했습니다. 파리에서 베이징 올림픽 성화 봉송 행사를 하는 과정에서 프랑스 반중국 시위대가 방해하는 일이 일어났고, 이를 계기로 중국에서 프랑스 기업인 까르푸 불매운동이 일어났을 때 인터넷에서 반프랑스 불매운동을 주도한 사람들도 청년 세대입니다. 중국 국내만이 아니라 해외에 체류하는 같은 세대가 대거 동참했습니다. 외국어에 능한 이들이 각 언어로 해외 언론과 주요 반중국 단체를 비판하는 글, 영상, 그림 등을 올리면서 공격했습니다.

그런가 하면 2010년 6월 4일에는 우리나라 아이돌 그룹 슈퍼주니어의 홈페이지가 공격을 받았습니다. 상하이 공연 당시 일부 중국 팬과 경호원, 경찰 사이에 충돌이 일어나서 경찰이 다치자 이에 대한 항의와 분노의 표출이었습니다. 이들은 대부분 소녀들인 슈퍼주니어 팬들을 두고 '머리가 빈 것들(腦殘)'이라고 비난하기도 했습니다. 이들은 그날 행동을 '6·4성전(聖戰)'이라고 불렀습니다.

강력한 리더십과 시장경제를 신봉하는 세대

도널드 트럼프를 지지한 청년들은 주로 1980년대생이었는데, 타이완의 페이스북을 공격하거나 슈퍼주니어 홈페이지를 공격한 이들은 1990년대생이거나 2000년대 이후에 출생한 네티즌이었습니다. 트럼프 지지자들이 중국 청년 세대가 우파 보수주의로 기우는 흐름을 상징한다면, 타이완 페이스북 공격은 이들 세대가 지닌 민족주의·애국주의 성향을 상징합니다. 그런데 개혁개방 시대를 상징하는 청년 세대가 왜 우파 보수주의와 민족주의, 애국주의로 흘러가고 있을까요? 이 세대의 의식을 이들이 성장한 시대 배경 속에서 살펴보겠습니다.

1980년대에 태어난 중국 청년 세대 중 트럼프 지지자들처럼 극단적인 우파 보수주의에 기우는 사람들은 시장 만능의 논리를 신봉하는 사람들, 신자유주의 지지자들입니다. 사회주의 국가인 중국에 그런 생각을 가진 청년들이 있다는 사실이 의아할 것입니다. 하지만 덩샤오핑이 개혁개방을 추진하면서 말한 선부론(先富論), 즉 "먼저 부자가 되는 것을 용인하고, 먼저 부자가 된 사람을 비판할 것이 아니라 따라서 배워야 한다"는 구호가 1990년대 이후 사회주의 시장경제란 이름으로 확대되면서 중국 사회에는 신자유주의가 퍼지게 됩니다. 지식인 사회에서도 그렇고, 청년 사회도 그렇습니다.

1980년대 이후에 출생한 세대는 사회주의 국가에 살지만 마오쩌둥 시대와 같은 공유제와 평등, 집단주의를 체험한 적이 없습니다. 그들이 태어나서 성인으로 성장할 동안 중국은 시장의 논리에 따라 빠르게 변화했고, 그들에게 중국은 시장에 따라 움직이는 국가입니다. 이들에게 중국은 중국공산당이라는 일당이 통치한다는 것만 서구 자본주의 국가와 다를 뿐 시장 논리에 따라 작동한다는 점은 똑같은 사회인 것입니다.

더구나 이들은 사회주의 시장경제 시대의 수혜자이기도 합니다. 중국이 해마다 10퍼센트씩 고속 성장을 하는 가운데 풍요로운 소비문화를 누리면서 성장했고 경우에 따라서는 해외에 체류하기도 했으며, 좋은 직장에서 일하고 있습니다. 이들이 보기에 중국공산당이 강력한 리더십을 가지고 시장의 논리에 따라 발전해가는 것이 개인 이익을 위해서나 국가 이익을 위해서 최선의 선택입니다. 이들이 트럼프에게, 더 정확히는 트럼프 같은 정치적 주장을 하는 인물을 지지하는 이유입니다. 결과의 평등이나 분배, 사회적 약자에 대한 관심보다는 시장에서 강자로 생존하는 것을 더욱 소중하게 생각하고 개인이나 국가도 이런 방향에서 발전하길 바라는 것이지요. 이와 비슷하게 2008년 금융 위기 이후에는 공업당(工業黨) 건설을 주장하는 젊은이들도 등장했습니다. 중공업 발전을 중심으로 국가 발전 전략을 세워서 서구에게 능멸당하지 않는 강한 국가를 건설하자는 것입니다.

1980년대에 태어난 청년들 사이에서 신자유주의 성향의 우파 보수주의자가 등장하고 있지만, 이들이 비교적 성공한 청년들이라는 점에서 부분적 현상이라고 말할 수도 있을 것입니다. 하지만 민족주의·애국주의 흐름은 바링허우 세대 청년들의 의식에서 매우 보편적으로 발견되는 현상입니다. 사상 성향이나 경제적 지위에 상관없이 정도의 차이는 다소 있을지라도 대개가 민족주의·애국주의 정서를 지니고 있다고 하겠습니다. 이들의 민족주의 정서는 중국에 대한 강한 자부심, 중국이 세계 중심 국가가 되길 바라는 기대와 그렇게 될 수 있다는 자신감, 타이완 통일에 대한 염원, 중국의 부상과 중국 통일을 막는 세력에 대한 거부감, 반서구와 반일본 의식 그리고 사드 배치 갈등이나 문화와 역사 문제 갈등과 같은 현안이 있을 때 등장하는 반한국 정서 등으로 표출됩니다.

학계에서는 이들 세대가 강한 민족주의 성향을 지니게 된 배경으로 이들이 성장기에 받은 애국주의 교육의 영향을 지적하곤 합니다. 1990년대 초부터 중국공산당은 애국주의 교육을 강화합니다. 중국의 위대한 역사를 배우고 근대 이후 서구와 일본에게 치욕을 당한 비극의 역사를 주로 배웁니다. 이 과정에서 과거 찬란한 역사에 대한 자부심, 근대 이후 중국에게 치욕을 안겨준 제국주의 세력에 대한 적개심, 그런 치욕을 딛고 대국으로 성장해가고 있는 21세기 중국에 대한 기대 등을 배웁니다.

그런데 애국주의 교육보다 어쩌면 더 중요한 배경이 있습니다. 이 세대는 중국이 비약적으로 발전해서 미국과 겨룰 수 있을 만큼 강력해지는 시기에 성장했습니다. 자연스럽게 민족적인 자부심을 갖게 된 것입니다. 더구나 이들은 근대 이후 세계 사회와 가장 많이 접촉한 세대입니다. 이들보다 앞선 세대는 대개 중국이 서구보다 낙후되어 있다고 생각했지만, 이들 세대는 그렇게 생각하지 않습니다. 자신들이 보기에 중국은 세계와 대등한데, 다른 나라 사람들이 중국을 무시하니까 민감하게 반응하는 것입니다. 우리나라에 유학을 왔던 많은 중국 청년이 한국에서 생활할 때 무시와 차별을 당한 경험 때문에 중국 인터넷에서 활발하게 반한 활동을 벌이는 것도 바로 이런 까닭입니다.

청년들의 고단한 현실과 새로운 희망

역사적으로 보면 청년들이 취업난이나 생활난 등으로 현실에서 출구를 찾지 못할 때 극단주의나 보수주의에 빠지는 일이 일어나곤 합니다.

1980년대 이후 출생한 중국 청년 세대의 특징과 관련된 유행어들을 보면 그들의 고달픈 삶을 짐작할 수 있습니다. 하우스푸어(房奴), 달팽이집(蝸居), 개미족(蟻族), 맨몸 결혼(裸婚), 부자 2세(富二代), 관료 2세(官二代), 가난한 2세(貧二世) 등의 유행어에서 이 세대의 그늘이 느껴집니다. 중국에 부동산 투기 열풍이 불면서 아파트로 두 달 만에 약 30만 위안(한화 약 5000만 원)을 번 일이 일어나자 인터넷에 이런 농담이 유행했습니다. 30만 위안을 벌려면 농민은 당나라 때부터 지금까지 쉼 없이 일해야 하고, 한 달에 1500위안을 버는 노동자는 1840년 아편전쟁 때부터 하루도 쉬지 않고 일을 해야 한다는 내용입니다.

이렇게 집값이 비싸다 보니 청년들은 집을 살 엄두도 내지 못한 채 달팽이집처럼 좁은 데서 우글거리면서 살고, 개미처럼 죽어라 일만 하는 개미족이 됩니다. 어렵사리 집을 산다고 해도 대출을 갚

느라 하우스푸어가 되고, 돈이 없으니 그야말로 맨몸인 채로 결혼을 하기도 합니다. 가난한 집 자녀는 가난이 대물림되고 공무원의 자녀와 부잣집 자녀는 권력과 부를 대물림하여 행복합니다. 신분 상승의 길이 막히면서 계층이 고착화되는 것입니다.

중국이 사회주의 체제에 따라 움직이던 1990년대 초반까지만 하더라도 대학을 졸업할 때 학교와 정부에서 직장을 정해주었습니다. 도시의 경우입니다만, 직장 선택의 자유는 없었어도 일단 정부에서 배정한 직장에 들어가면 집이 자동으로 제공되었고 의료 보험은 물론이고 정년퇴직 뒤 노후까지 보장되는 경우가 많았습니다. 그런데 중국이 시장경제 체제를 채택한 뒤로 사정이 달라졌습니다. 국가와 대학에서 대학생에게 직장을 정해주던 제도는 2000년부터 전면 폐지되었습니다. 직장을 선택할 자유는 주어졌지만 취업난이 심해졌고, 무엇보다 부동산 가격 폭등으로 집을 사기가 너무 어려워졌습니다.

요즘 베이징이나 상하이, 광저우 같은 대도시 집값은 서울과 같거나 더 비쌉니다. 그런데 월급은 서울의 3분의 1 수준입니다. 청년들이 정상적인 수입으로 집을 사는 것이 갈수록 힘들어지고 있는 것입니다. 그래서 청년들 사이에 이런 농담이 떠돕니다. "애인이 없는 사람은 애인을 찾느라 걱정이고, 애인이 있는 사람은 신혼집을 사느라 걱정이고, 졸업을 앞둔 사람은 좋은 직장을 찾느라 걱정이고, 직장을 찾은 사람은 낮은 월급 때문에 걱정이다."

더구나 이들은 중국 정부가 1980년부터 실시한 한 자녀 정책에 따라 출생한 세대여서, 자랄 때는 부모와 네 명의 친가 외가 조부,

조모의 사랑을 받았지만 성인이 되고 나서는 그것이 오히려 부담으로 작용합니다. 어른을 부양할 책임을 혼자서 지게 되는 셈이고, 결혼한다고 해도 부부가 서로 독자이기 때문에 최소한 양가 부모 네 사람을 부양해야 합니다. 여기에 자신의 자식을 키워야 하는 부담도 더해집니다. 그야말로 위로는 노인을 부양해야 하고, 아래로는 아이를 키워야 하는 샌드위치 세대가 된 것입니다. 우리나라 청년들 일부도 취업난과 생활난 등으로 출구가 막힌 현실을 핑계로 민족주의나 여성과 외국인 등 소수자를 비난하는 성향을 보이는 경우가 있습니다. 중국 청년 사회에서도 이와 유사한 일이 벌어지고 있습니다.

그런데 2014년부터 중국 정부가 "대중 창업, 만인 혁신(大衆創業, 萬衆創新)"이라는 구호를 내걸고 청년들의 참신한 아이디어를 사업화하는 데 적극 지원하고 있습니다. 첨단 IT 산업 경쟁에서 미국을 앞서기 위해서입니다. 정부의 지원만이 아니라 텐센트(Tencent, 腾讯), 알리바바(Alibaba, 阿里巴巴), 바이두 등 중국 IT 산업을 선도하는 기업의 전문가들이 적극적으로 대학생 창업을 지원하고 있습니다. 주요 대학에는 50여 개의 창업 관련 동아리나 지원 조직이 있습니다. 이런 지원 덕분에 창업 후 3년 이상 생존률도 40~50퍼센트가량입니다. 대학 졸업 후 창업한 사람이 취업한 사람보다 월 평균 수입도 10~20퍼센트가량 더 많았습니다. 청년 세대에게는 지금 중국이 새로운 사업을 통해 성공할 수 있는 더없이 좋은 기회의 땅입니다.

1990년대 중·후반에 대학생 수가 급격히 늘어나면서 취업난에 시달렸지만, 2010년 이후에는 꾸준히 취업률이 회복되어 2017년 기준으로 최근 3년 동안 약 91퍼센트를 기록했습니다. 한편 청년 창업 지원 정책으로 매년 전체 대학 졸업생 약 800만 명 가운데 8퍼센트가량인 매년 약 64만 명이 창업에 나서고 있습니다.

중국이 AI나 핀테크, 전기 자동차 등 미래 신산업에서 미국을 추월하여 세계 선진국이 되려는 전략에 국가 역량을 집중하고 청년 창업을 지원하면서 청년 창업자들이 중국의 새로운 희망이 되고 있습니다. 청년들이 신산업을 기반으로 새로운 기회를 맞고 있는 것입니다. 수많은 청년 창업자가 개인적으로는 중국의 빌 게이츠나 제2의 마윈(馬雲)이 되기 위해서, 국가적으로는 중국이 미래 산업에서 선진국으로 도약하여 세계 중심 국가로 발돋움하는 데 기여하기 위해서 창업 열풍에 뛰어들고 있습니다. 성공의 꿈과 더불어 창업을 통해 국가의 명예와 부를 높이겠다는 민족주의 열정을 지닌 청년들로 인해 지금 중국은 청년 창업 열풍입니다.

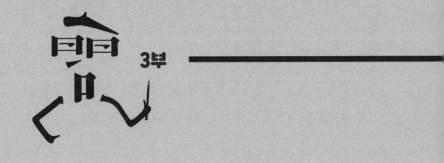

雷 3부

—————— 중국 사회는 무엇을 고민할까?

14
중국 남녀는
평등할까?

한국보다 앞선 중국의 남녀평등 지수

한중 수교 25주년이 된 2017년 한국에서는 배우 추자현의 남편인 일명 '우블리(본명 위샤오광)'가 한국 남성과 다른 중국 남성상을 보여주면서 한국 여성들에게 신선한 충격을 주었습니다. 그런데 한국이 중국과 수교하던 1992년 무렵 중국에 간 한국 남자들은 중국에는 한국보다 세고 독한 세 가지가 있다는 농담을 하곤 했습니다. 이른바 '중국 삼독(三毒)론'입니다. 중국 술과 담배, 여성을 두고 한 말입니다. 일반적으로 56도가량인 중국 술, 니코틴 함유량이 높은 중국 담배는 그렇다고 하더라도, 중국 여성을 이렇게 표현한 것은 문제가 있습니다. 하지만 여성의 활달하고 당당한 모습을 세고 독하다고 보는 가부장적 시각을 걷어내고 나면, 중국 여성의 실제 모습에 얼마간 부합하는 말이기도 했습니다.

지역과 민족에 따라 다르지만, 중국 여성의 경우 한국 여성보다 자기주장도 강하고 사회 활동도 활발하게 하면서 남성에게 종속되지 않는 면을 지니고 있습니다. 지금은 중국 여성도 화장을 많이 합니다만, 1990년대 이전만 해도 화장한 중국 여성은 매우 적어서 한국 남성 눈에는 더 거칠고 세게 보였을 수 있겠지요.

중국 남성의 모습 역시 우리와 다릅니다. 배우 위샤오광을 보면 중국 가정에서 남성이 어떤 모습인지 어느 정도 짐작할 수 있습니다. 위샤오광이 부엌일을 하는 모습은 무척 인상적입니다. 그의 아버지도 마찬가지입니다. 중국 마트에 가면 남자 혼자 장바구니를 들고서 찬거리를 사는 모습을 흔하게 볼 수 있습니다. 중국 가정은 대부분 맞벌이를 하고 남자들이 집에서 요리를 하거나 가사와 육아를 분담하는 것이 자연스럽습니다.

세계 각국의 남녀평등 지수를 보면 중국이 우리보다 앞서 있습니다. 발표 기관에 따라 다소 차이가 있지만 중국이 40위 정도이고 우리는 100위권 정도입니다. 중국도 최근 들어 빠르게 순위가 나빠지고 있지만, 그래도 우리보다는 앞서 있습니다. 그래서 그런지 중국 남성 가운데 중국은 여성의 권리가 너무 세다고 불평하는 사람도 많습니다. 2014년에 실시된 한 여론조사에서는 조사대상 중국 남성 가운데 61퍼센트가 중국에는 남녀평등 문제가 존재하지 않는다고 대답했고, 심지어 도시에 거주하는 남성 가운데 11퍼센트는 중국에는 여권보다 남권이 부족하다고 대답하기도 했습니다.[1] 중국은 '음기가 강하고 양기가 약한(陰勝陽衰)' 나라가 되었다고 자조적인 농담을 하는 중국 남성들도 있습니다.

같은 유교 문화권인데 중국이 우리보다 여성의 지위가 높은 것은 무엇 때문일까요? 중국은 정말 여성의 지위가 높아서 페미니즘이 필요 없는 나라일까요? 중국에서 여성의 지위가 획기적으로 향상된 것은 마오쩌둥 사회주의 시대입니다. 당시 여성이 겪는 억압을 철폐하고 남녀평등을 실현하기 위한 갖가지 법률적 조치와 더불어 여성 교육의 보급, 경제권 확보, 가사 노동의 경감과 육아 지원에 이르기까지 모든 영역에 걸쳐 혁신합니다.

먼저 법률 정비를 보지요. 1949년 10월에 사회주의 정부가 수립되고 이듬해인 1950년 5월에 새 정부가 처음으로 제정한 법령이 혼인법입니다. 이 법은 제1조에 "강제 결혼 폐지, 남녀의 혼인 자유, 일부일처, 남녀의 권리 평등, 부녀와 자녀의 합법적인 이익을 보호"한다고 규정했습니다.

전통 시대의 중국에서 여성 억압은 대부분 결혼과 관련되어 있었습니다. 부모가 강제로 결혼시키는 것, 축첩, 돈에 팔려가는 매매혼, 어린 나이에 시집보내는 조혼 등이 그렇지요. 그런데 이런 악습이 법률로 금지된 것입니다. 자유로운 결혼만이 아니라 자유로운 이혼도 허용했습니다. 혼인법이 제정되고 나서 1952년과 1953년 두 해 동안 이혼 안건이 100만 건 이상 법원에 접수됩니다. 1953년에는 중화인민공화국 선거법을 제정해 여성의 선거권과 피선거권을 보장했고 1954년 제정된 헌법에서는 혼인과 가정생활, 육아 등에서 국가의 보호를 받을 권리를 규정합니다.

법률적인 보장뿐만 아니라 어쩌면 이보다 더 중요한 조치가 사회주의 공유제와 더불어 시행됩니다. 루쉰은 1924년에 여성해방을 위해 가장 중요한 것은 경제권이라고 했는데,[2] 사회주의 정부가 들어서자마자 국가가 여성에게 경제권을 부여하는 조치가 시행됩니다. 중국은 1950년 6월 28일 중화인민공화국 토지개혁법을 공포하고 토지를 분배합니다. 중국에서 토지는 모두 국유재산이기 때문에 엄밀히 말하면 토지 점유권을 나누어준 것인데, 이때 가구를 기준으로 나누는 것이 아니라 가족의 수에 따라 나눕니다. 여성도 똑같이 한 사람의 가족 구성원으로서 자기 몫의 토지를 갖게 된 것입니다. 이로써 여성이 가족의 재산 형성에 당당히 한몫을 하면서 가정에서 자기 목소리를 낼 수 있는 기반이 마련됩니다.

토지만 받은 것이 아닙니다. 사회주의 체제가 되고 나서 중국 정부는 일자리를 분배합니다. 이때 여성에게 일자리를 적극 제공하면서 여성들이 가정 밖으로 나오는 계기를 제공한 것입니다. 이런 정책을 주도한 것은 마오쩌둥이었습니다. 마오쩌둥은 이렇게 말합니다. "중국 여성은 위대한 인력 자원이다. 반드시 이런 인력 자원을 발굴해야 한다. …… 여성들이 노동에 참여하도록 시작해야 하며, 반드시 남녀 동일 노동, 동일 보수의 원칙을 실행해야 한다."[3]

그렇지만 실제로 남녀가 완전히 동일 임금을 받은 것은 아닙니다. 당시 농촌에 설치된 집단농장인 인민공사에서 하루 노동 기준으로 남성이 노동 점수를 평균 6~7점 받으면, 여성은 4~5점 받았습니다.

사실 여성이 사회로 나가기 위해서는 제도적으로 뒷받침해야 할 것이 많습니다. 그래서 중국 정부는 1955년부터 여성 육아휴직 규정을 법으로 제정하고 육아 보험도 시행합니다. 탁아소도 확충하여 육아 부담을 줄여주었습니다. 하루 동안 아이를 맡기는 탁아소도 있고 일주일 이상 장기간 맡기는 탁아소도 있었습니다. 그런가 하면 직장이나 마을마다 공동 식당을 마련해서 여성을 주방에서 해방시켜주기도 합니다. 마오쩌둥 사회주의 시대에 지어진 아파트는 주방이 매우 좁습니다. 집에서 밥을 할 필요가 없어서였습니다. 중국 사람들은 지금도 출근길에 간단히 아침을 사 먹는 경우가 많습니다. 아이들도 식당에서 밥을 사 먹고 학교에 갑니다. 중국인이 이렇게 외식을 많이 하는 데에는 이 시대의 영향도 있습니다.

이런 제도들은 여성을 가사 노동에서 해방시키고 가정 밖으로 이끄는 데 큰 기여를 했습니다. 여성이 사회적 노동에 참여하고 경제권을 갖게 되면서 마오쩌둥 사회주의 시대에는 자발적인 경우나 건강상의 이유를 제외하고는 전업주부가 사라지게 됩니다.

집단 생산 시스템과 가부장 권력의 해체

여성이 남성과 똑같은 몫으로 토지를 분배받는가 하면 취업을 통해 수입을 갖게 되면서 집안에서 여성의 지위는 높아지고 이에 비례하여 가부장권이 약화됩니다. 그런데 이런 흐름을 더욱 촉진하는 중요한 사회 변화가 일어납니다. 사회주의 집단농장 시스템이 도입된 것입니다. 과거 가정 단위 노동이 집단농장 단위 노동으로 바뀌게 되고 남녀가 같이 일하는 시스템이 도입되면서 한 가정을 대표하는 동시에 가정에서 막강한 권력을 행사하던 남성의 권위가 크게 약화됩니다.

마오쩌둥이 이끈 중국 혁명은 농촌 지역을 중심으로 토지혁명을 수행해가는 과정에서 농민들의 지지를 얻었고, 이것이 혁명을 성공시키는 중요한 비결이었습니다. 악덕 지주에게서 토지를 몰수해 빈농 계층에게 나누어주면서 농민의 마음을 얻게 된 것입니다. 모든 농가가 토지를 갖게 되면서 농촌에서는 분배받은 토지를 중심으로 한 소농 경제사회가 작동하게 됩니다. 하지만 이는 짧은 순간에 그칩니다. 1954년부터 이른바 '합작사(合作社)'가 만들어집니다. 합작사란 개별 농가가 자기 땅을 가지고서 일종의 집단농장에 편입되어 공동 경작과 공동 생산, 공동 판매를 하는 조직입니다. 농촌에서는 생산대가 만들어지고, 여러 생산대가 합쳐져서 인민공사를 이루게 됩니다. 상점과 공장 역시 업종별로 합작사가 만들어지는 사회주의 공유제 시스템이 들어선 것입니다.

합작사가 중국 사회를 움직이는 중요 조직 역할을 하게 되면서 농촌에서는 생산대와 여러 생산대가 모인 인민공사가 가정을 대신하고 도시에서는 '단위(單位)'라고 부르는 각 직장, 각 기관별 조직이 가정을 대신하게 됩니다. 예를 들면 예전에는 아버지가 아이를 어떤 학교에 보낼지, 용돈을 얼마 줄지, 어떤 집에서 살지 결정했다면 이제는 생산대 대장이나 단위의 기관장이 모든 것을 결정합니다. 자녀의 결혼을 최종 승인하는 권한이나 여행 허가의 권한도 모두 생산대 대장이나 단위의 기관장이 갖게 됩니다. 노동 점수를 매기고 수입을 나누는 권한도 갖게 됩니다. 급여만 하더라도 가장에게 지급하는 것이 아니라 여성이든 아이든 실제 일한 사람에게 지급합니다. 가장이 돈을 벌어서 가족을 부양하는 전통적 형태가 바뀌기 시작한 것입니다.

한 농민은 당시 중국 농촌에서 일어난 변화를 이렇게 회고합니다.

> 지금은 남녀가 평등해졌다. 남자와 여자가 같이 지낸다. 어느 것도 독단적으로 할 수 없다. 우리 마을 많은 집에서 새로 규정을 정했다. 남자가 쌀 한 말 이상을 지출할 때는 여자의 동의가 있어야 하고, 여자가 쌀 두 말 이상을 지출할 때는 남자의 동의가 있어야 한다. 상대가 동의하지 않으면 지출할 수 없다.[4]

전통적인 아버지의 권위, 남편의 권위, 가장의 권위가 새로운 사회주의 제도와 함께 힘을 잃게 되고, 가정에서 남녀가 동등한 권한을 행사하게 된 것입니다. 전통 시대 중국에서는 '국가-가장-가족 구성원'의 형태로 사회가 작동했다면 사회주의 체제에서는 '국가-인민공사 혹은 단위-가족 구성원'이라는 형태로 바뀌면서 전통적인 가부장제가 동요합니다. 이와 더불어 여성의 지위가 높아집니다.

노동하는 여성이라는 새로운 정체성

아울러 여성의 정체성도 새롭게 규정됩니다. 중국 전통 사회에서 여성의 정체성은 좀 자극적으로 표현하자면 남성을 위한 장식품이나 노리개 역할을 하거나 아들을 낳아 기르는 데 있었습니다. 그래서 노동은커녕 걷기조차 힘든 전족을 강요하고, 결혼식 때는 대추와 밤을 던져주면서 하루빨리 후손(무엇보다 아들을!)을 생산하라고 재촉했습니다. 대추를 뜻하는 한자 '조(棗, zao)'와 밤을 뜻하는 '율(栗, li)'의 발음을 합치면 부디 빨리 후손을 낳으라는 '조립(早立, zaoli)'과 같습니다. 중국 전통 사회에서는 무엇보다 후손을 생산하는 것이 여자의 존재 의미였습니다.

그런데 사회주의 정부는 이런 여성의 정체성을 변화시킵니다. 여성을 세상의 절반이라는 뜻인 '반변천(半邊天)'이라고 부르게 됩니다. 또한 중국 정부와 중국공산당은 공식 문서와 연설 등에서 여자나 여성이라는 단어보다는 '부녀(婦女)'라는 단어를 사용합니다. 전통 시대 여성과 구별하면서 새롭게 여성 정체성을 세우려는 시도의 일환이었습니다. 중국의 여성학 학자들은 중국에서 '여성'이라는 단어가 여성의 신체적 특징을 강조한다면, '부녀'라는 단어는 노동자와 혁명가로서의 정체성을 강조하는 의미가 있다고 지적합니다. 이제 중국 여성은 남성과 아무런 차이가 없는 노동하는 존재로서 새로운 정체성을 갖게 된 것입니다.

새롭게 정의된 여성의 정체성은 여성에 대한 호칭, 복장과 여성미에 대한 인식에도 영향을 미칩니다. 이제 여성이든 남성이든 상대방을 부를 때는 똑같이 '동지(同志)'라고 하고, 복장도 남녀 구별이 없어집니다. 인민복 차림만 보아서는 남녀를 분간하기가 쉽지 않습니다. 마오쩌둥은 중국 여성이 "울긋불긋한 차림을 좋아하지 않고 군복 차림을 좋아한다〔不愛紅裝愛武裝〕."5)면서, "시대가 달라졌고 남녀는 다 같다. 남성 동지가 할 수 있는 일은 여성 동지도 할 수 있다."6)고 말했습니다. 각 가정의 현실 생활에서는 물론 차이가 있었지만, 적어도 국가정책이나 사회 분위기 차원에서는 외모에서부터 하는 일에 이르기까지 남성과 똑같이 여겨집니다.

여성미에 대한 인식도 달라집니다. 사회주의혁명 이전에 중국 여성을 상징하는 복장은 치파오(旗袍)였습니다. 원래 청나라의 전통 여성 복장이었는데, 근대에 들어서서 신체의 굴곡을 강조한 디자인으로 개량되었습니다. 이를 '모던 걸'인 신여성이 자신들을 상징하는 옷이라 여기면서 즐겨 입었습니다. 그런데 사회주의 중국이 수립되고 나서 이런 치파오가 사라집니다. 대부분 바지 차림이고, 단발이나 땋은 머리를 하고서 여성의 신체적 특징을 최대한 드러내지 않는 복장을 하게 됩니다. 울긋불긋한 옷을 입고 여성의 신체적 특징을 드러내는 것은 여성해방 사상이 부족하고 생각이 낙후되었을 뿐만 아니라 반혁명적이라고 여기게 됩니다. 노동하는 여성이라는 새로운 정체성에 걸맞게 얼굴이 검게 그을리고 수건을 두른 여성의 모습이나 여성 기관사·파일럿·트랙터 기사 등 남성과 똑같이 노동하는 여성의 모습이 잡지의 표지를 장식합니다.

남녀평등의 관점에서 마오쩌둥 사회주의 시대 중국 여성을 어떻게 평가할 수 있을까요? 여성학자들은 그 시대가 중국 남녀평등 차원에서 역사적인 발전을 이룬 시기라는 점은 대체로 인정합니다. 지금 중국이 남녀평등 면에서 우리보다 다소 앞서 있는 것도 마오쩌둥 시대의 유산입니다. 하지만 일부 여성학자는 이런 남녀평등은 여성의 특징을 제거해버린 '무성(無性) 시대'의 남녀평등이었다고 비판하기도 합니다. 신체 차원까지 여성이 남성과 똑같다고 여기면서 여성의 특징을 무시한 가운데 남녀평등을 추구한 한계를 지녔다고 보는 것입니다.

시장경제가 시작되자 여성의 지위가 다시 낮아지다

중국이 1980년대 이후 개혁개방 정책을 펴면서 중국 여성에게 일어난 가장 큰 변화는 호칭이 달라졌다는 것입니다. 이제 '부녀'라는 말보다 '여성'이라는 말을 더 많이 사용합니다. 과거에는 남녀불문하고 '동지'라고 불렀지만, 이제 여성을 부를 때 영어의 '미스(Miss)'에 해당하는 '샤오제(小姐)'라고 합니다. 요즘 중국에서 '퉁즈(동지)'라는 호칭은 동성애자 사이에 서로를 부르는 말이 되었습니다.

호칭만이 아니라 치파오도 부활합니다. 1990년대 말과 2000년대 초반 치파오는 중국 여성 패션에서 가장 인기 있는 아이템이었습니다. 사회주의 정부가 들어서고 자취를 감추었던 미녀 선발 대회도 부활합니다. 여성들의 화장도 살아납니다. 과거에는 색조 화장이라는 개념조차 없었지만 여성들 사이에서 화장이 빠르게 유행하기 시작합니다. 이런 화장 열풍에 크게 기여한 것이 한류입니다. 한류 속 한국 여성의 모습을 보면서 같은 피부색을 지닌 자신들도 화장을 하면 달라질 수 있다고 생각하게 됩니다. 과거 마오쩌둥 시대에 폐기되거나 부정적으로 여겨졌던 여성의 신체적 특징이나 생리적 성별이 개혁개방 이후에 여성의 정체성 차원에서 새롭게 강조됩니다. 여성다움을 특징으로 한 여성의 정체성이 되살아난 것입니다.

샤오제는 개혁개방을 상징하는 단어 가운데 하나입니다. 개혁개방 초기에 식당이나 가게에서 여종업원을 '퉁즈'라고 부르면 퉁명스럽게 응대하고, '샤오제'라고 부르면 자신을 여성으로 대접해준다고 생각해서인지 반가워하는 일까지 있을 정도였습니다. 샤오제라는 호칭에는 그만큼 개혁개방 시대의 정신이 담겨 있습니다. 하지만 요즘에는 샤오제라는 호칭을 쓰지 않는 게 좋습니다. '샤오제 서비스'란 말처럼 성매매에 종사하는 여성을 가리키는 말로 의미가 바뀌었기 때문입니다. 특히 남부 지방에서는 더욱 그러합니다. 개혁개방 초기에는 남녀 구별이 없던 무성의 시대를 벗어나기 위해 여성의 특징을 강조하면서 샤오제라고 불렀지만, 이제는 남성에게 퇴폐 서비스를 제공하는 여성을 지칭하는 호칭으로 바뀐 것입니다. 그래서 어떤 이들은 샤오제의 의미가 이렇게 바뀐 것이 중국이 갈수록 시장화·자본화의 길을 가면서 중국 여성의 지위가 계속 낮아지는 것을 상징적으로 보여준다고 말하기도 합니다.

중국에서 1992년부터 본격화된 사회주의 시장경제는 국가의 역할을 줄이고 시장의 역할을 늘리는 체제입니다. 과거에는 국가가 직업과 직장을 정해서 분배했습니다. 직업 선택의 자유는 없었지만 고용을 보장했고 주택과 노후도 보장했습니다. 그런데 시장경제가 도입되고 나서 직업을 스스로 선택하는 자유를 얻은 대신에 복지를 잃게 됩니다. 이제 고용도 주택도 보장받지 못합니다. 더불어 남성보다 여성이 취업 위기와 실업 위기에 내몰립니다. 특히 국유 기업을 민간에 매각하는 과정에서 여성이 먼저 구조 조정 대상이 됩니다.

여성이 사회에서 집으로 돌아가야 한다는 여성 귀가론도 이런 흐름 속에서 등장합니다.[7] 개혁개방 이후 중국에서 이른바 여성 귀가론은 세 차례 등장합니다. 앞의 두 번은 1988년과 1994년에 등장했는데, 주로 실업 문제와 노동시장의 공급과잉을 해결하기 위해서는 여성들이 가정으로 돌아가야 한다고 주장했습니다. 그런데 2001년에 다시 등장한 여성 귀가론은 다소 성격이 달라집니다. 앞선 두 번의 논쟁이 정부 기구 종사자와 학계에서 제기된 데 비해 이번에는 잡지와 신문도 폭넓게 관심을 갖고 논의에 참여하는 등 중국 사회의 쟁점이 되었습니다. 논의 방향도 달랐습니다. 전에는 주로 실업이나 취업 차원에서 여성 귀가론이 나왔다면, 이번에는 전통적 남녀관의 복원이라는 차원에서 논의가 진행되었습니다. 여성이 귀가하는 것이 역할 분담을 통해 남녀평등을 실현하는 일이라는 주장이 나오기도 하고, 여성이 집에 남는 것이 다음 세대를 위해 좋은 일이라는 주장이 나온 것입니다.

중국 남성은 여성 귀가론에 대해 찬성하는 사람이 많습니다. 특히 고소득 남성이 그렇습니다. 이런 반응을 두고 중국에서 여성의 지위가 상승하면서 전통적 남성 우월주의 감정이 표출되었다고 보기도 합니다. 마오쩌둥 사회주의 시기에 실시된 남녀평등에 대해 중국 남성이 품고 있던 불만이 표출된 것이라고 해석하기도 합니다.

그런데 정작 당사자인 중국 여성들의 반응은 어떠했을까요? 한 신문의 여론조사 결과를 보면 35세 이상의 여성 가운데 60퍼센트가 집으로 돌아가는 것에 반대했습니다. 그런데 흥미로운 점은 젊은 여성들 중에는 전업주부에 찬성하는 비율이 높았다는 것입니다. 경제적으로 여유가 있는 여성일수록 여성 귀가론에 찬성했습니다. 나이 든 여성층에서 반대가 더 많은 것은 여성의 귀가를 역사의 후퇴라고 생각하는 사람이 많았기 때문입니다. 사회주의 체제의 영향을 더 받은 여성들이 그렇게 생각한 것입니다.

그렇다면 왜 젊은 여성, 특히 고학력·고소득 젊은 여성이 전업주부를 찬성하는 비율이 높을까요? 중국 여성학자들의 해석은 크게 두 가지입니다. 첫째는 직장에서 경쟁에 시달리다 보니 직장을 그만두고 자유를 찾고 싶어 하고, 노동이 더는 자아실현을 위한 유일한 길이 아니라고 생각하기 때문에 전업주부를 선택하게 된다는 것입니다. 둘째는 과거 중국에서 유행한 '무성의 시대'에 대한 일종의 반발로써 자연적인 여성다움을 회복하고 추구하는 것에 흥미를 느끼는 여성이 많아졌기 때문이라는 것입니다. 이렇게 중국 여성들의 생각이 바뀌면서 전업주부가 늘어나게 되었습니다.

중국에서는 앞으로도 전업주부가 늘어날 듯합니다. 여성들의 생각뿐만 아니라 중국의 경제·사회 체제가 바뀌고 있기 때문입니다. 일본과 우리나라에서 전업주부가 늘어났다가 다시 줄어드는 현상에 비추어볼 때 그렇습니다. 일본의 사회학자 오구마 에이지(小熊英二)는 일본의 공업화 과정에서 남성 노동자의 고용과 임금이 안정되자 과거 공장에서 일하던 여성들이 전업주부로 전환되었다고 지적합니다. 남성의 임금만으로도 가족이 안정적인 생활을 할 수 있게 되었기 때문이라는 것입니다. 물론 이제 그 모델이 무너지면서 일본의 전업주부 시스템도 바뀌고 있습니다.[8]

우리나라도 이와 유사합니다. 최근 들어 맞벌이가 늘어난 것은 남녀평등 의식이 확산된 탓도 있지만, 가장인 남성 노동자의 임금만으로는 가정을 충분히 지탱하고 부양할 수 없는 열악한 경제 환경 때문이기도 합니다. 일본과 우리나라의 상황에 비추어볼 때 중국은, 특히 중국 부유층 가정은 반대로 가고 있습니다. 아무래도 고학력의 젊은 여성들이 남편의 벌이만으로도 부유한 가정을 꾸릴 기회가 많아질 것이기 때문에 이들 계층에서 전업주부는 갈수록 늘어날 것입니다.

전업주부라는 전통적 여성 역할만 부활하는 것이 아니라 사회주의가 들어서고 나서 사라졌던 매매혼도 다시 나타나고 있습니다. 《인민일보》해외판이 2017년 2월 20일에 보도한 것에 따르면, 후베이(湖北)성에서는 8만 위안(한화 약 1300만 원)이 있어야 신부를 얻을 수 있고 지역에 따라서는 여기에 집까지 준비해야 하는 등 신부를 돈으로 사오는 일이 갈수록 사회문제로 떠오르고 있습니다.

지금은 폐기되었지만 중국이 한 자녀 정책을 실시하면서 일어난 부작용 가운데 하나는 남성이 여성보다 많은 남초 현상이 전국에서 일어난 것입니다. 남아 선호 풍습이 강한 탓입니다. 2016년 기준으로 중국 전체 남녀 성비는 105.06이고, 출생 인구 성비는 115.88입니다. 여성이 적으면 그만큼 대접받는 게 아니냐고 생각할지 모르지만, 실은 여성이 돈을 많이 내는 남자에게 팔려가는 신종 매매혼이 부활하고 있는 것입니다.

　중국에서는 가끔 어느 계층이 개혁개방의 혜택을 입었느냐는 논쟁이 일어나곤 합니다. 개혁개방으로 시장화가 진행되면서 중국공산당과 자본가가 가장 큰 이익을 가져갔고 노동자·농민은 오히려 힘들어졌다고 비판하는 취지입니다. 이 질문을 중국 여성에게 돌리면 어떻게 될까요? 개혁개방으로 중국 여성은 수혜를 보고 있을까요? 여성도 계층에 따라 다를 수 있습니다. 집단 차원에서 여성에게 주목하는 것이 아니라 개인 삶의 차원에서 보면 답이 달라질 수도 있습니다. 하지만 분명한 것은 남녀평등이라는 차원에서 보자면 시장화 이후 여성의 지위는 낮아지고 있습니다. 남녀불평등의 문제는 유교 같은 전통 유산 탓이기도 하지만, 경제 시스템 때문이기도 하다는 것을 중국 역사의 경험이 말해주고 있습니다.

15

세계의 큰손이 된
중국 중년 여성들

투자시장을 뒤흔든 중국 '다마(大媽)'

2013년 4월 15일, 세계 금시장에서 금값이 하루에 20퍼센트나 폭락하자 중국에서 금을 대량으로 사들이는 일이 벌어집니다. 구매자는 중국 정부도 아니고 기관 투자자도 아니었습니다. 바로 '다마(大媽)'였습니다. 다마는 원래 백부의 부인, 즉 큰어머니라는 뜻이지만, 의미가 확대되어 나이 많은 여성을 부르는 말로도 쓰입니다. 이들이 10여 일 만에 사들인 금이 300톤이었습니다. 그 전해인 2012년 중국 금 소비량의 3분의 1에 해당하는 양이었고 우리 돈으로 17조 288억 원에 해당하는 금액이었습니다. 세계 금시장에서 금값이 일시에 반등할 정도였습니다. 중국 다마 무리는 제주도에도 모습을 나타냈습니다. 2013년 봄에 그들은 약 40만 제곱미터의 제주도 땅을 사들였습니다. 2014년에는 제주도 부동산 판매량의

90퍼센트를 다마 무리가 싹쓸이합니다.

2013년은 중국의 다마가 세계 투자시장에서 큰손으로서 그 존재를 확실히 알린 해였습니다. 그전까지 다마는 주로 공원이나 광장에 모여서 집단으로 '광장무(廣場舞)'를 추는 사람들이었습니다. 중국 길거리를 가다 보면 아침저녁으로 광장이나 공원에 모여서 춤추는 사람들을 쉽게 볼 수 있습니다. 수많은 중년 여성이 마치 군인들처럼 오와 열을 정확히 맞춘 가운데 일사분란하게 군무를 추지요. 중국에서만 볼 수 있는 독특한 풍경입니다.

다마는 중국 안에서만 모여서 춤추는 것이 아닙니다. 2013년 8월에는 뉴욕 브루클린에서, 2014년 4월에는 파리 루브르 박물관 앞에서, 2014년 6월에는 모스크바 붉은 광장에서 단체로 춤을 추기도 했습니다. 뉴욕에서는 음악을 크게 틀어놓고 춤을 추다가 미국 경찰에 적발당하여 법정에 출두하기도 했습니다.

이렇게 중국 다마가 중국을 넘어 세계적으로 자신의 존재를 알리면서 다마를 둘러싼 좋지 않은 여론이 중국에서 형성되었습니다. 언론에서도 그렇고, 특히 중국의 젊은 층이 비난합니다. 그러면서 이들을 지칭하는 다마라는 말에 비하의 의미가 담기기 시작합니다.

지금 중국인들은 다마라는 말을 들으면 촌스럽다거나, 힘든 육체노동을 하거나, 사회적 지위가 낮은 중·노년 여성의 이미지를 쉽게 떠올립니다. 장사하는 사람들은 귀찮을 정도로 가격 흥정만 하는 '진상 고객'을 떠올리곤 합니다. 우리나라에서도 종종 'ㅇㅇ녀'라면서 '녀' 자를 붙여서 여성을 비하하는 경우가 있는데, 중국어에서는 '다마'가 붙으면 그런 의미를 지닙니다. 예를 들어 '뚱뚱이 다마', '관리위원회 다마', '시골 다마' 등의 표현처럼, 말과 행동에 예의가 없고 거친 중년 여성, 외모가 추하고 뚱뚱한 중년 여성, 돈 과 지위는 있지만 문화적 소양이나 자질이 형편없는 중년 여성, 집 안일을 미주알고주알 남들 앞에서 늘어놓는 중년 여성을 말할 때 다마를 가져다 붙이곤 합니다.[9] 특히 젊은 사람들이 이 말을 사용 하는 경우 폄하와 비난의 의미가 더욱 강합니다. 다마는 그 영문 표기인 'dama'가 옥스퍼드 영어 사전에 등재 후보 단어가 될 정도 로 세계적인 용어로 유명해지고 있습니다.

다마는 누구인가?

왜 중국의 젊은 사람들은 다마를 좋지 않게 생각할까요? 다마는 어떤 사람들일까요? 일반적으로 다마는 50대 이상의 여성을 지칭 하지만, 금이나 부동산 투자에 나서고 광장에서 춤을 추는 중년 여 성인 '중국 다마'를 지칭할 때는 주로 도시에 거주하는 55세부터 60세 사이의 '젊은 다마'를 가리킵니다. 대부분 직장에서 은퇴한 뒤 집에서 손자 손녀를 등하교시키고, 직장에 나가는 자식 부부를 위해 가사를 돌보는 여성들입니다. 도시에 거주하는 사람만 한정 할 경우, 그 수가 약 1000만 명 정도라고 추산합니다.

이들 다마 세대는 격변의 시대를 살아왔습니다. 1960년대에 태 어나 마오쩌둥 사회주의 시대에 유소년 시기를 보냈고 1980년대 개혁개방 시대에 사회생활을 시작했습니다. 마오쩌둥 사회주의 시대를 살아본 경험과 기억을 가진 마지막 세대라고 할 수 있습니다. 그래서 이들에게는 마오쩌둥 시대의 그림자가 남아 있습니다. 다마 세대가 전체 중국 인구 가운데 교육 수준이 가장 낮은 계층이라는 점만 해도 그렇습니다. 한 조사에 따르면 광장에서 춤을 추는 중년 여성 가운데 대학 졸업은 13.37퍼센트이고 고등학교 졸업이 18.77퍼센트, 중학교 졸업이 41.9퍼센트, 초등학교 졸업이 25.96퍼센트였습니다.[10] 이들이 유소년이었던 때가 문화대혁명 시대여서 그렇습니다.

문화대혁명 시대는 마오쩌둥 사상이 지배하던 시대입니다. 마오쩌둥은 책에서 배우는 지식보다 농촌이나 공장에서 노동하는 것을 더 중요하게 생각했습니다. 마오쩌둥은 육체노동과 정신노동, 농촌과 도시, 노동자와 경영자 사이에 존재하는 3대 차별을 없애려고 했습니다. 이에 따라 학생들은 학업을 포기하고 농촌으로 내려가 농민과 같이 일을 했습니다. 이른바 산으로 가고 들로 가는 '상산하향(上山下鄕)' 운동입니다. 더구나 문화대혁명 시기에는 모든 대학이 학업 성적으로 학생을 뽑는 것이 아니라 노동자·농민·군인 중에서 인민공사나 사업장 책임자의 추천을 받아 입학시켰습니다. 책상 앞에 앉아서 공부하는 것은 물론, 학교에 다니는 것 자체가 의미가 없던 시대에 소년기를 보낸 세대가 바로 다마 세대입니다.

마오쩌둥이 죽고 이듬해인 1977년에 대학 입시인 가오카오(高考)가 부활하지만, 다마 세대는 대부분 중·고등학교 교육도 제대로 받지 못했기 때문에 가오카오에 응시할 수도, 대학 교육을 받을 기회를 잡을 수도 없었습니다. 2010년에 실시된 인구조사 결과를 보면 다마 연령층 가운데 대학 교육을 받은 비율은 3퍼센트에 불과합니다. 이들 세대는 문화적 소양이 낮을 수밖에 없는 시대적 환경을 타고난 것입니다.

하지만 다마 세대 중에는 부를 축적한 사람이 많습니다. 개혁개방이 시작되던 즈음에 사회에 진출하여 1993년 이후 사회주의 시장경제가 추진되고 중국 경제가 성장하면서 그 혜택을 본 사람들이 많은 것입니다. 예를 들어 과거 사회주의 체제에 따라 취업과 동시에 무상으로 분배받은 아파트는 직장에서 지위가 올라가면서 더 넓은 아파트로 바뀌었고, 심지어 한 채이던 아파트가 두세 채로 늘어났습니다. 더구나 1990년대 후반부터 중국 주요 도시에서 아파트 가격이 폭등하면서 자산 가치가 크게 늘어나게 됩니다. 사회주의 계획경제 시절에 국가가 무상으로 나누어준 낡은 아파트가 재개발되면서 큰 혜택을 보기도 합니다. 주택 거래가 허용되고 시장화로 부동산 가격이 폭등하면서 최대 수혜자가 된 것입니다. 금과 부동산 투기에 나서는 중국 다마는 이렇게 중국 경제가 발전하는 가운데 그 혜택을 보면서 부를 축적한 가정의 주부들입니다. 더구나 중국에서는 집안 경제를 여성이 관리하는 경우가 많아서 이들이 부동산이나 금, 증권 시장에서 큰손 노릇을 하면서 투기를 하는 것입니다.

물론 중국 경제가 발전하는 과정에서 이 세대 모두가 혜택을 본 것은 아닙니다. 반대의 경우도 있습니다. 1990년대 후반 6만여 개의 국영기업이 민영화와 구조 조정을 실시하면서 2750만 명이 일자리를 잃었는데, 정리해고의 대상이 된 대부분이 다마, 즉 중년 여성이었습니다. 과거 사회주의 체제라면 달랐겠지만, 시장경제가 도입되면서 교육 수준도 낮고 시대 흐름을 따라가기 힘든 세대부터 정리되었기 때문입니다.

다마 세대는 마오쩌둥 사회주의 시대에 중국 역사상 처음이었던 남녀평등의 분위기 속에서 성장했습니다. 노동하는 여성이 미의 기준이 되고, '철의 여성(鐵姑娘)'이라는 말이 유행하는 시대였습니다. 이들은 시대의 영향으로 일찍부터 남녀평등 의식을 갖고 남자와 똑같이 직장을 가졌지만, 나이 든 여성이라는 이유로 가장 먼저 정리 해고의 대상이 되었습니다. 1982년부터 2010년 사이 중국 취업 인구 변화를 보면, 다마 연령층 노동자의 경우 1억 1733만 명에서 6165만 명으로 크게 줄었습니다.[11] 유독 이 연령층이 큰 폭으로 줄어든 것은 다마가 집중적인 구조 조정의 대상이 되면서 사회에서 퇴출되었다는 것을 의미합니다.

그리고 이제 이들 세대는 노령 사회로 접어든 중국의 첫 세대가 되었습니다. 중국은 1999년부터 노령화 사회로 진입했는데, 인구 대국답게 노령 인구도 세계에서 가장 많습니다. 매년 600만 명가량의 노령 인구가 늘어나고 있고 2020년에는 2억 4800만 명에 달할 것이라고 합니다. 사회주의 시대, 집단주의 시대, 계획경제 시대에 성장하여 시장경제 시대에 전성기를 보낸 다마가 이제 퇴직하여 중국에서 첫 노령 사회 세대가 된 것입니다. 이렇게 시장경제 시스템이 도입되면서 구조 조정을 당하고 첫 노령 사회 세대가 된 다마들이 소일거리 삼아서 광장에서 군무를 추고 있습니다. 물론

이들 중 경제적으로 여유가 있는 이들은 부동산 투기에 나서고 있습니다.

다마의 집단의식

중국 다마가 광장에서 집단을 이루어 마치 군인들처럼 칼군무를 추는 것에도 이들 세대가 성장해온 시대적 경험이 반영되어 있습니다. 이들은 마오쩌둥 시대의 후반기인 문화대혁명 시기에 청소년기를 보내면서 마오쩌둥을 찬양하는 이른바 '충자무(忠字舞)'를 즐겨 보고, 즐겨 추었습니다. 충자무는 문화대혁명 당시 홍위병이 초록색 군복에 붉은 별이 새겨진 모자를 쓰고 한 손에는 '붉은 보석 책(紅寶書)'이라는 마오쩌둥 선집을 들고 집단을 이루어 노래를 부르면서 추는 춤입니다. 이때 부르는 노래는 대부분 마오쩌둥을 민족의 영웅이자 태양이라고 찬양하는 내용이었습니다. 대표적인 마오쩌둥 찬양가인 〈동방은 붉다(東方紅)〉는 이런 내용입니다.

동쪽이 붉고
태양이 뜬다
중국은 마오쩌둥을 냈다
그는 인민을 위해 행복을 도모하네
오호라, 헤이
그는 인민의 구세주
그는 인민의 행복을 도모하네

오호라, 헤이

그는 인민의 구세주

마오쩌둥 주석

인민을 사랑하고

그는 우리의 인도자

다마 세대는 마오쩌둥이 어떤 사람인지도 모르던 어린 나이에 이런 노래를 부르면서 "혁명에는 이유가 있다(造反有理)", "혁명은 무죄(革命無罪)"라는 구호를 외쳤습니다. 사회 전체를 지배하던 광적인 마오쩌둥 숭배 열풍 속에서 친구들과 하나가 되어, 학교에서는 물론이고 동네에서도 이런 노래를 부르면서 또래끼리 집단의식을 키웠습니다. 마오쩌둥이 과연 숭배할 만한 인물인지, 이런 노래 내용이 무엇인지도 모른 채 오직 마오쩌둥을 태양처럼 숭배하는 것만 배웠습니다. 자기의식 없이 지배 이데올로기에 세뇌된 채 어린 시절을 보낸 비극적인 세대입니다.

이 세대에게는 집단에서 배척당하는 것이 가장 큰 공포였습니다. 혁명 의식이 부족하거나 반동이라고 몰릴 수 있기 때문입니다. 더구나 당시 도시에서 직장을 다니던 사람은 공동 근무, 공동 거주, 공동 식사로 이어지는 집단주의 시대를 살았습니다. 부모가 이렇게 살기 때문에 아이들 역시 또래끼리 집단의식이 무척 강했습니다. 이렇게 형성된 집단의식이 자기 정체성의 핵심이었던 세대가 이제 50세가 넘은 뒤 광장이나 공원에서 무리를 지어 춤을 추고, 집단으로 몰려다니면서 금을 사고 부동산을 사는 것입니다. 특정 투자 정보나 오락거리가 있을 경우 쉽게 몰려들어 집단 속에서 소속감과 심리적 안정감을 찾는 것입니다.

다마 세대가 집단으로 춤을 추는 것은 개혁개방 이후에도 계속되었습니다. 다만 마오쩌둥 찬양가 대신 서양 음악을 틀어 놓고 춤을 춥니다. 춤추는 무대도 광장이 아니라 직장의 식당이나 강당으로 바뀌게 됩니다. 예를 들어 대학가에서는 주말이면 교직원은 교직원대로 학생은 학생대로 식당 탁자를 한쪽으로 밀어놓고 춤을 추었습니다. 사회주의 종주국인 러시아의 영향을 크게 받던 1950년대 중국에서는 러시아 전통 춤과 유사한 사교춤이 중국공산당 주석을 비롯한 최고 지도자가 사는 중난하이(中南海)는 물론이고 직장, 학교마다 크게 유행했습니다. 주말이면 다들 모여서 사교춤을 추었습니다. 노래는 〈카추샤〉 같은 유명한 러시아 민요나 혁명가곡 등이었고, 여기에 〈우리 노동자는 힘이 있다(咱們工人有力量)〉 같은 중국 노래도 포함되었습니다. "모든 사람이 노래를 부르고, 춤을 출 줄 알아야 한다"는 것이 당시의 시대 구호였습니다.[12]

젊은 세대의 비판

마오쩌둥 시대에 성장하여 사회주의 시장경제 시대에 주축으로 살았던 다마가 이제 중국 젊은이의 눈에는 부정적인 이미지 일변도입니다. 돈이 된다 싶으면 몰려다니면서 비이성적 투기를 하여 집값을 올려놓는 사람들, 다른 사람은 아랑곳하지 않은 채 광장에서 시끄럽게 음악을 틀어놓고 볼썽사나운 복장으로 춤을 추는 사람들,

예의나 교양이 없이 단체 해외 여행에서 나라 이미지를 망치는 사람들, 젊은 사람들에게 무례하고 거칠게 대하는 사람들로 비칩니다.

좀 더 극단적으로 비난하는 젊은 사람들은 다마를 낡은 사회주의 시대의 유물로 취급하거나, 경제 발전의 성과를 독차지하면서 젊은 사람들에게는 힘든 현실을 물려준 사람들이라고 비판하기도 합니다. 물론 다마 세대 중 일부는 시장경제에 적응하지 못해 도태당하기도 했지만, 대다수는 사회주의 국유 경제 시스템의 마지막 수혜자이자 시장경제 시스템의 첫 번째 수혜자라고 보는 것입니다.

개혁개방 이후에 태어난 중국 젊은 세대는 이전 세대에 비해 경제적으로 가장 힘든 시절을 살고 있습니다. 국가의 보장은 줄어들거나 사라지고 개인이 책임을 져야 하는 시대가 시작되었습니다. 그들이 바로 윗세대인 기성세대의 삶과 자신의 현실을 비교하면서 절망하는 것입니다.

다마에 대한 중국 젊은이들의 부정적 평가에서 보듯이 젊은이들이 경제적으로 힘든 현실에 처하면서 세대 사이의 갈등이 심해지고 있습니다. 젊은 세대가 먹고살 양식을 기성세대가 남겨주어야 할 텐데, 그저 암담한 미래만 남겨주고 있는 현실 때문입니다. 루쉰은 중국 사회가 어른 중심으로 작동하는 사회라고 비판하면서, '어른을 근본으로 삼는〔長者本位〕' 사회에서 '어린 사람을 근본으로 삼는〔幼者本位〕' 사회로 바뀌어야 중국에 희망이 있다고 했습니다. 중국도 우리 사회도 젊은 사람들이 행복한 사회가 되고, 어린 사람을 근본으로 삼는 사회로 전환되길 기대합니다.

16

농업과 농민의 나라에서
영원히 차별받는 농민

마오쩌둥이 농민의 꿈을 이루어주다

중국은 농민의 나라입니다. 농촌인구가 많아서 그렇기도 하지만
여기에는 더 깊은 뜻이 있습니다. 중국 문명이 바로 농업 문명에
토대를 두고 있기 때문입니다. 농사를 짓는 사람들이 자연과 세계
를 대하는 생각, 농사를 짓는 데 가장 이상적인 사회 형태, 농사짓
는 사람들을 통치하기 위한 조직 등과 관련된 중국 문명의 특징은
대부분 농업에서 유래합니다.

　예를 들어 농민은 날씨나 자연의 변화에 민감할 수밖에 없습니
다. 또한 수렵이나 유목을 하는 사람들과 달리 한곳에 정착하여 집
단을 이루어야 농사를 지을 수 있습니다. 농사란 씨를 뿌리고 가꾸
어서 수확하는 무에서 유를 창조하는 일입니다. 농사짓는 과정에
서 사람의 노력도 중요하지만 자연 역시 중요한 역할을 합니다. 농

사는 인간과 자연이 같이 짓습니다. 이런 농업의 특성은 그대로 중국인의 세계관과 중국 문화의 토대를 이루었습니다. 벼가 햇살을 받아 하루하루 변하면서 성장하듯이 모든 존재는 변화한다는 생각, 달이 차면 기울듯이 사물이 극에 이르면 다시 처음으로 돌아간다는 믿음, 때를 중요시하는 사고, 집단주의, 인간과 자연이 하나라는 천인합일(天人合一)의 생각 등이 그러합니다. 이런 차원에서 중국은 농민의 나라이고, 중국 문명은 농업 문명이며, 전통적으로 중국을 이끌어온 것은 농민이었습니다.

하지만 중국에서 농민은 고난의 세월을 살았습니다. 많은 인구에 비해 땅은 늘 부족해서 먹을 것이 적었고, 그나마도 나라나 지주에게 빼앗기기도 했습니다. 대규모 자연재해에 시달리기도 했습니다. 한 연구에 따르면 세계에서 일어난 지진 가운데 55퍼센트가 중국에서 일어났습니다.[13] 그런가 하면 농민 반란이 끊임없이 일어나고 그로 인해 낡은 왕조가 몰락하고 새로운 왕조가 들어섰지만, 농민의 지위가 나아진 것은 아니었습니다. 그저 새로운 주인을 맞은 것에 불과했습니다.

전통 시대를 이렇게 살아온 중국 농민에게 마오쩌둥이 이끈 사회주의혁명은 어떤 의미였을까요? 중국 사회주의혁명의 지도자인 마오쩌둥에게 농민과 농촌은 각별한 의미를 지닙니다. 그가 농촌 출신으로 농민을 잘 아는 사람이어서만이 아닙니다. 그는 중국공산당 지도부 가운데 농민과 농촌의 의미를 가장 먼저 발견한 사람입니다.

마오쩌둥은 사회주의 운동 초기인 1920년대에 중국공산당 지도부가 마르크스주의 원론에 충실하여 도시 프롤레타리아 중심으로 혁명을 진행하자, 지도부가 중국 현실을 냉철하게 분석하지 않은 채 농민을 망각하고 농민운동의 한계를 지적한다고 비판했습니다. 빈농을 비롯한 농민의 혁명 역량이 중국 사회주의혁명에 결정적으로 중요하다고 강조한 것입니다. 당시에 마오쩌둥의 생각은 중국공산당 안에서 이단 취급을 받았습니다. 도시 프롤레타리아가 아니라 농민을 중시하는 마오쩌둥은 진정한 마르크스주의와 거리가 멀다고 여긴 것입니다. 하지만 도시 노동자 중심의 혁명 전략은 잇달아 실패했고, 결국 마오쩌둥의 생각을 바탕으로 농민과 농촌을 주축 삼아 혁명에 성공했습니다. 공산당이 점령한 해방구에서는 악덕 지주에게서 토지를 빼앗아 농민에게 나누어주는 토지혁명을 통해 농민의 지지를 얻고, 마침내 농촌으로 도시를 포위하는 전략으로 혁명을 성공시킨 것입니다.

마오쩌둥이 이끈 사회주의혁명이 성공하고 중국 농민은 역사에 없던 경험을 하게 됩니다. 사회주의 정권이 들어선 당시 중국 인구약 6억 명 가운데 3억 명은 토지가 없었습니다. 그런데 중국공산당은 1950년 중화인민공화국 토지개혁법을 만들어 지주에게서 몰수한 땅을 3억 명의 농민에게 나누어주고 1952년 말에 토지개혁을 마칩니다. 그야말로 경자유전(耕者有田)이라는 중국 농민의 오랜 꿈이 중국 역사 이래 최초로 이루어진 것입니다. 모든 농촌 가정이 자기 땅을 경작하는 이상적인 농촌이 실현되었습니다. 이에 감격한 한 시골 농부는 자기 가문에서 처음으로 땅을 갖게 해준 마오쩌둥에게 감사의 선물을 하려고 소를 끌고 베이징까지 오기도 했습니다. 사회주의 정부 수립 초기인 1953년 당시 6억 인구 가운데 농촌인구가 약 5억 명으로, 중국은 그야말로 농민 국가였는데 사회주의 정부는 그 5억 농민의 압도적 지지 속에서 출발한 셈입니다.

또다시 비극으로

하지만 처음으로 자기 땅을 가진 농민의 행복은 오래가지 않았습니다. 비극은 중국공산당이 중국을 사회주의 국가로 만들겠다고 선언하면서 시작되었습니다. 마오쩌둥은 1953년에 향후 10년 내지 15년 안에 사회주의를 달성하겠다고 선언합니다. 마오쩌둥의 핵심 사상이자 독특한 중국 혁명 전략은 1942년에 그가 체계적으로 제시한 신민주주의 혁명론입니다. 마오쩌둥은 당시 중국이 바로 사회주의로 갈 수는 없고, 신민주주의라는 일종의 과도기를 거쳐야 한다고 생각했습니다. 무엇보다 제국주의 침략에 시달리고 있는 중국에게 가장 중요한 첫 번째 과제는 민족 독립을 쟁취하는 것이라고 보았습니다. 중국이 사회주의로 바로 가기에는 생산력이 충분히 발달하지 않았다고 판단한 것입니다.

그래서 마오쩌둥은 프롤레타리아 계급이 주도하기는 하지만 제국주의·봉건주의·관료자본주의에 반대하는 사람들, 민족자본가와 중간 계층 그리고 노동자, 농민 등이 폭넓게 연합하는 혁명을 제안합니다. 중국 국기인 오성기에 있는 네 개의 별에 바로 이런 계급 연합의 정신이 반영되어 있습니다. 이런 신민주주의 논리와 전략에 따라 중국공산당이 주도하는 중국 혁명이 성공합니다. 사회주의 정부가 수립된 초기에 개인에게 토지를 나누어주고 개인 소유의 가게와 공장 등을 용인한 것은 이 때문이었습니다. 악덕 지주와 악덕 자본가만 배제한 것입니다.

마오쩌둥은 혁명 과정에서 일단 신민주주의 사회를 실현하겠다고 약속하고 중국에 사회주의 사회를 실현하는 것은 먼 훗날의 일이라고 말했습니다. 그런데 마오쩌둥과 중국공산당은 건국 4년째인 1953년부터 중국을 신민주주의 국가가 아니라 사회주의 국가로 만들기 위해 나섭니다. 사회주의로 가는 과도기를 단축시킨 것입니다. 마오쩌둥의 표현에 따르면 과도기를 짧게 줄이기 위한 과도기 총노선이 채택된 것입니다. 이는 정치 지도자들이 흔히 쓰는 공약 폐기입니다. 신민주주의 혁명론을 통해 중국인에게 약속한 일종의 '공약'을 폐기한 채, 중국을 사회주의 국가로 빠르게 전환하려고 나선 것입니다.

마오쩌둥이 새로운 정책을 선포하면서 토지와 기업 등의 사유제가 폐기되고 공유제, 집단소유제로 전환하는 정책이 잇달아 추진됩니다. 농촌에서는 공동 생산과 공동 판매를 위한 집단농장이 도입됩니다. 이렇게 되자 농민은 분배받은 토지를 다시 집단농장에 내놓게 됩니다. 물론 정부에서는 집단농장에 들어오는 것은 농민의 자의에 맡긴다고 했지만, 실제로는 대중을 동원해 압박합니다. 강압적인 대중운동의 방식으로 진행된 농업 집단화 작업이 1958년에 마무리되고 농민은 거의 모두가 인민공사에 속하게 됩니다.

물론 이 과정에서 농민의 반대도 격렬했습니다. 특히 처음으로 자기 땅을 가졌던 농민들이 심한 배신감을 느꼈습니다. 노벨 문학상을 수상한 모옌(莫言)의 대표작 가운데 하나인 《인생은 고달파[生死疲勞]》에 나오는 남검(藍臉)처럼, 머슴으로 살다가 처음으로 자기 땅이 생겼다고 좋아한 농민 중에 끝까지 집단농장에 들어가기를 거부하고 자기 토지를 고수하면서 저항하다가 온갖 고초와 비참한 경우를 당하는 사람도 많았습니다.

농민 수탈과 차별이 시작되다

농민의 시련은 여기서 그치지 않았습니다. 사회주의를 앞당기려는 중국공산당은 도시와 중공업 위주의 발전 전략을 수립하면서 농민과 농촌을 차별합니다. 중국은 1953년 급속한 공업화를 추진하기 위해 1차 5개년 발전 계획을 세우고 소련을 본받아 군수산업과 중공업을 위주로 공업화 전략을 수립합니다. 하지만 돈도 없고 자원도 부족했습니다. 1953년 스탈린이 죽은 뒤로 소련과 관계도 악화되어 원조를 받기 힘든 상태였습니다. 오직 자력갱생밖에 방법이 없었습니다.

이런 상황에서 공업화를 위해 농촌을 버리고 도시를 택합니다. 농업과 농촌에서 대량의 자본을 거두어들여 도시와 공업 발전에 투자하는 전략이었습니다. 정부가 농산물 가격을 통제한 가운데 인민공사를 통해 싼 가격으로 일괄 구매하여 도시에 공급하고, 공산품은 인민공사를 통해 정해진 장소와 높은 가격으로 농촌에 공급했습니다. 이는 농산품과 공산품의 부등가 교환을 바탕으로 공업화를 위한 자본을 축척하는 방식으로써, 일종의 농촌 수탈 정책입니다. 이렇게 현대 중국을 관통한 농촌 차별 정책이 사회주의 공업화 달성이라는 명분으로 시작된 것입니다.

도시와 농촌을 분리하는 이른바 성향분치(城鄕分治) 정책은 농민이 도시로 유입되는 것을 막는 신분 정책을 통해 절정에 이릅니다. 1957년부터 농촌인구가 도시로 밀려들어 도시인구가 급증하자 일자리와 주택 배분 등에 문제가 생깁니다. 부족한 자원 때문에 일어나는 여러 가지 도시 문제를 막기 위해서 농민이 도시로 이주하는 것을 차단하기 시작합니다. 1958년에는 호적 등록 조례(戶口登記條例)를 만들어 농업 호적과 비농업 호적으로 나누고 농업 호적을 지닌 사람은 도시로 이주할 수 없도록 한 것입니다. 이때부터 중국 농민은 토지에 얽매인 채 평생 도시인이 될 수 없게 됩니다. 물론 도시인이 될 수 있는 방법이 두 가지 있기는 했습니다. 하나는 군인으로 복무한 뒤 도시 직장에 배치받는 것이고 다른 하나는 도시에 있는 대학에 간 뒤 도시 직장을 배치받는 방법이었습니다.

호적 제도를 통해 중국인을 농민과 비농민으로 나누는 것이 농민에 대한 차별 정책인 것은 농민이 도시인이 되는 길을 막았다는 차원만이 아니라 복지 혜택과 연결되어 있기 때문입니다. 도시인에게는 식품과 생활필수품을 싼값에 제공하고, 도시의 기업이나 기관에 종사하는 사람에게는 의료와 퇴직금, 주택 등의 복지 혜택을 제공했지만, 농민은 이런 혜택에서 제외되었습니다. 사회주의 계획경제 시스템 속에서 부족한 자원을 우선 도시 위주로 분배한 것입니다. 도시인은 완전 고용, 종신 고용의 혜택을 누렸지만, 농민은 복지 혜택이 없었습니다. 사회주의 중국에서 농민은 2등 국민이었습니다. 1959년부터 1961년까지 중국 역사상 최대의 기근이라는 이른바 '대기황(大饑荒)' 때 중국 정부의 발표만으로도 2000만 명이 넘는 사람이 굶어 죽었습니다. 대부분이 농민이었습니다.

농민공 문제

마오쩌둥 사회주의 시대가 끝나고 채택된 개혁개방 정책은 농촌에서 시작되었습니다. 집단농장인 인민공사를 해체하고 토지를 다시 농가에 나누어주었습니다. 농촌에서 집단주의 시대가 막을 내린 것입니다. 하지만 이것으로 중국 농민의 2등 국민 시대가 끝난 것은 아닙니다. 개혁개방 정책으로 도시는 빠르게 발전하는 반면 농촌은 정체되면서 많은 농민이 농촌을 버리고 도시로 나오게 됩니다. 농민 출신 노동자란 뜻인 '농민공(農民工)'이 그들입니다. 도시에 온 이들은 건설 현장이나 공장, 식당, 발마사지 가게에서 값싼 노동력을 제공하면서 몸이 망가지고 때로는 목숨을 잃기도 합니다.

중국이 G2 대국으로 발전한 데에는 이들 농민공의 피와 땀이 바탕에 깔려 있다고 해도 과언이 아닙니다. 중국만이 아니라 세계가 농민공이 제공하는 값싼 노동력 덕분에 중국산 공산품을 싸게 살 수 있는 혜택을 누리기도 합니다. 아이폰을 만드는 폭스콘에서 저임금과 장시간 노동 때문에 노동자들이 잇달아 투신자살하는 비극이 일어난 것은 중국 농민공 문제가 비단 중국만의 문제가 아니란 것을 말해줍니다.

이렇게 피와 땀으로 중국과 세계 경제 발전에 기여한 농민공이지만 그들 부모가 마오쩌둥 시대에 2등 국민이었듯이 중국이 대국이 된 지금도 도시에 편입되지 못한 2등 시민이고 차별과 멸시의 대상입니다. 중국 인터넷에 회자된 이야기 하나를 볼까요. 한 여성이 어린아이를 데리고 버스에 타자 추레한 옷차림을 한 농민공으로 보이는 사람이 일어나 자리를 양보합니다. 아이가 앉으려 하자 엄마가 앉지 말라고 합니다. 더럽다고 말린 것입니다. 이런 일은 중국 대도시에서 수도 없이 벌어집니다. 농민공을 더러운 사람, 못 배운 사람, 범죄자, 무능력자로 취급하는 것입니다.

농민공은 농업 호적을 지니고 있는 사람이어서 원래는 도시로 올 수가 없습니다. 불법입니다. 그런데 농촌에는 돈이 없는 데다 농촌인구는 넘치고, 반면에 도시는 값싼 노동력이 필요해서 농민공이 도시로 오게 됩니다. 그래도 불법 신분이어서 농민은 도시에 집을 사거나 아이의 출생신고를 할 수도 아이를 학교에 보낼 수도 없습니다. 혼인신고도 할 수 없고, 의료 혜택은 받을 수도 없습니다. 그래서 부모는 도시로 돈 벌러 가지만 아이는 농촌에 남게 되어 또 다른 사회문제가 되기도 합니다. 이들이 사는 허름한 임시 주거지를 불법이라고 강제 철거하는 일도 흔합니다.

불법 신분이다 보니 임금을 받지 못하는 경우도 많아서 고질적인 사회문제가 됩니다. 농민공은 신분증, 도시 임시 거류증, 고용 증명서를 꼭 휴대하고 다녀야 합니다. 만일 이 중 하나라도 지니고 있지 않으면 바로 체포되어 구금당한 뒤 농촌으로 추방됩니다.

2003년에는 대학 졸업생인 쑨즈강(孫之剛)이란 청년이 임시 거류증을 지참하지 않았다는 이유로 수용소로 끌려간 뒤 경찰에게 구타당해 사망하기도 했습니다. 농민공의 값싼 노동력만 빼먹으면서 합당한 대우는 해주지 않는 것이 중국의 현실입니다.

최근에는 농민공에게 관심을 갖는 인권 단체도 늘어나고 중국 정부도 문제를 심각하게 생각하면서 농민공 정책을 일부 개선하고 있습니다. 주요 도시에서 일정 조건을 충족하면 신분을 인정해주거나 자녀가 도시에서 학교에 다닐 수 있습니다. 하지만 어디까지나 도시의 안정을 해치지 않는 범위 안에서 농촌 노동력의 수급을 효율적으로 관리하는 차원입니다. 물론 중국 정부도 어려움은 있습니다. 농민의 도시 유입을 제한하는 조치를 완전히 풀 경우 막대한 인구가 도시로 유입되어 여러 가지 문제가 일어날 수 있기 때문입니다.

농민공 문제는 사회주의 중국이 수립된 이후 농민에게 지속된 차별 문제의 연장이자 중국이 대국으로 성장하는 과정에서 새롭게 직면하는 노동자 문제이기도 합니다. 농민 문제와 노동자 문제가 겹친 지점에 농민공 문제가 놓여 있는 것입니다. 더구나 중국에 진출하는 외국 기업 중에는 농민공의 저임금 때문에 오는 경우가 많다는 점에서 중국 문제만이 아니라 세계적인 문제이고 중국에 진출한 우리나라 기업의 문제이기도 합니다. 중국 농민공 문제에 우리가 좀 더 관심을 가져야 할 이유입니다.

17

중국에서 멀어져가는
타이완 청년들

삼성전자가 중국에서 빠뜨린 것

2011년 11월 삼성전자가 중국에서 '갤럭시 노트' 신제품 발표회를 할 때의 일입니다. 당시 삼성전자 사장이 직접 무대에 나서서 신제품을 발표했습니다. 발표회가 끝난 뒤 중국에서 인터넷을 중심으로 거센 비난이 쏟아졌습니다. 문제는 제품도, 발표 내용도 아니었습니다. 무대 배경에 그려진 지도였습니다. 중국 네티즌은 삼성이 사용한 중국 사진에 타이완이 빠져 있다면서, 삼성이 타이완을 중국의 일부로 인정하는지 밝히라고 요구했습니다.

유사한 일은 2017년 3월에도 일어났습니다. 이번에는 독일 자동차 제조업체 아우디였습니다. 3월 15일 독일에서 연례 기자회견을 열면서 중국 지도를 사용했는데, 이 지도에 타이완이 빠진 것입니다. 중국 소비자들이 항의를 하고 불매운동을 촉구하자 아우디

측에서 사과를 하는 등 앞서 삼성전자가 겪은 일이 반복되었습니다.

이런 일이 일어날 때마다 해외 언론은 중국인의 애국주의가 도를 넘었다고 비판합니다. 삼성전자 문제가 발생했을 때도 한국의 언론은 중국 애국주의 네티즌 문제를 지적했습니다. 하지만 해외 여론의 반응에 중국인은 이렇게 반문합니다. 타이완 문제가 중국인에게 얼마나 중요한지 아느냐고. 사실 우리나라에서는 타이완과 중국을 별개 나라로 생각하는 경우가 많습니다. 하지만 중국 정부와 중국인은 타이완 문제를 어떤 일이 있어도 양보할 수 없는 영토주권의 문제이며, 타이완과 중국 대륙의 통일은 중화 민족의 숙원 중 하나라고 말합니다.

시진핑 주석을 비롯한 중국 정부 인사들이 외국 지도자를 만나면 자리에 앉자마자 늘 "귀국 정부가 그동안 하나의 중국 정책을 지지해주어서 고맙다."는 인사를 건네는 것도 이런 배경에서입니다. 중국은 헌법 전문에 타이완이 중국의 일부라고 규정하고 있습니다. "타이완은 중화인민공화국 신성한 영토의 일부분이다. 조국 통일을 완성하는 대업은 타이완 동포를 포함해 전 중국 인민의 신성한 책무이다." 중국이 타이완 통일에 얼마나 관심을 갖는지 엿볼 수 있습니다.

여기에는 중국이 근대에 겪은 치욕을 청산하려는 뜻도 깔려 있습니다. 중국은 '치욕의 근대 100년'이라고 부르는 아편전쟁(1840)부터 사회주의 정부 수립(1949) 이전 시기에 서구나 일본과 벌인 전쟁에서 잇달아 패하면서 영토의 일부인 홍콩과 타이완을 빼앗깁니다. 그런데 이제 하나하나 되찾고 있습니다. 1997년에는 홍콩을 되찾고 1999년에는 마카오를 되찾았습니다. 이제 타이완만 남았습니다. 마카오가 중국에 귀속된 1999년 12월 20일자 《인민일보》 사설에서 "통일의 실현이 민족의 위대한 부흥을 실현하는 튼튼한 기초"라고 언급했듯이, 중국 대륙 정부와 국민은 힘이 없어서 영토를 잃은 치욕을 씻고 민족 통일을 이루어 중화 민족이 전통 시대처럼 부활하는 데 중요한 마지막 고비가 바로 타이완을 되찾는 일이라고 생각하는 것입니다.

하지만 이것은 어디까지나 중국 대륙 사람들의 생각일 뿐이라고 여기는 사람들이 있습니다. 적어도 타이완의 최근 사정을 보면 그렇습니다. 중국 대륙의 바람과는 달리 타이완 사람들 마음은 갈수록 통일에서 멀어지고 있습니다. 특히 미래 세대인 타이완 젊은이들의 마음은 더욱 그러합니다.

타이완은 중국과의 통일을 원하는가

타이완에서는 타이완 사람들의 정체성이나 통일에 대한 의견을 묻는 여론조사가 자주 실시됩니다. 타이완 사회에서 워낙 민감한 쟁점이기 때문에 그렇습니다. 통일을 원하는지 독립을 원하는지, 자신이 중국인이라고 생각하는지 타이완인이라고 생각하는지 등을 묻는 조사가 빈번합니다.

여론조사의 특성상 질문의 구체적인 내용과 조사 기관에 따라 다소 차이가 있기는 합니다만, 최근에 실시된 여론조사를 보면 홍미로운 흐름이 공통적으로 발견됩니다. 대개 여론조사에서 통일을 원하는지 아니면 현상 유지나 타이완 독립을 원하는지를 묻는데, 이 중 통일을 원하는 사람이 갈수록 줄어들고 있습니다. 이 방면에서 가장 권위 있는 여론조사를 실시하고 있는 타이완 국립정치대학 선거연구센터가 2016년 12월에 미국 듀크 대학 아시아태평양 안전연구센터와 함께 조사한 결과를 보면, 통일을 원하는 비율은 12.1퍼센트였습니다. 통일을 원하는 사람 가운데 최대한 조속히 통일하자는 의견은 2.3퍼센트였고 현상을 유지한 뒤에 나중에 통일로 가자는 사람은 9.8퍼센트였습니다. 이에 비해 지금처럼 현상을 유지한 뒤 상황을 보면서 통일이나 독립을 결정하자는 의견은 33.7퍼센트, 영원히 현상을 유지하자는 의견은 26.3퍼센트, 현상을 유지한 뒤에 독립하자는 의견은 19.5퍼센트였습니다. 현상유지를 원하는 사람들이 제일 많은 셈입니다. 최대한 빨리 독립하기를 원하는 사람은 4.6퍼센트, 무응답이 3.7퍼센트였습니다.[14]

그런데 이보다 조금 앞선 2016년 5월에 타이완 여론조사재단(臺灣民意基金會)이 실시한 여론조사 결과는 달랐습니다. 질문을 세분하지 않은 채 통일, 타이완 독립, 현상 유지 가운데 하나를 선택하도록 한 결과를 보면 타이완 독립 의견이 51.2퍼센트, 현상 유지가 24.6퍼센트, 통일이 14.9퍼센트였습니다. 먼저 소개한 여론조사와 비교하면 대륙과 통일하자는 의견은 비슷했지만, 독립을 원하는 의견은 매우 큰 차이를 보입니다.

이 재단이 발표한 연도별 통계를 보면, 2016년 5월 여론조사에서 타이완의 독립을 원하는 51.2퍼센트라는 수치는 1991년 이후 실시된 여론조사 가운데 가장 높을 뿐만 아니라 1991년 이후 계속 상승하고 있습니다. 반면에 현상 유지를 원하는 사람은 늘 비슷한 비율을 보이고 있고 대륙과 통일을 원하는 사람은 계속 줄어들고 있습니다. 1991년에는 통일을 원하는 사람이 45.3퍼센트였지만, 2011년에는 19.3퍼센트, 2015년에는 19.1퍼센트, 2016년에는 14.9 퍼센트로 크게 줄어든 것입니다.[15]

그런데 대륙과 통일을 원하는 사람만 줄어들고 있는 것이 아니라 자신이 중국인이라고 생각하는 사람들도 줄어들고 있습니다. 국립정치대학 선거연구센터가 2016년 12월에 실시한 여론조사 중 정체성 부분을 보면 자신을 타이완인이라고 생각한 사람이 절반이 조금 넘는 58.2퍼센트로 가장 많았습니다. 타이완인이자 중국인이라고 생각한 사람이 34.3퍼센트였습니다. 자신을 중국인이라고 생각한 사람은 가장 적은 3.4퍼센트로 무응답 비율인 4.1퍼센트보다 낮았습니다. 자신이 타이완인이라고 생각하는 사람이 1991년에는 46.4퍼센트였는데, 2014년에 60.6퍼센트로 최고점을 찍었고 2010년 이후로는 늘 50퍼센트를 넘고 있습니다.

반면 자신을 중국인이라고 생각하는 사람이 1991년에는 25.5퍼센트였지만 2002년에는 9.2퍼센트로 처음으로 10퍼센트 아래로 떨어졌고 2010년 이후로는 늘 3~4퍼센트를 유지하고 있습니다. 주목할 만한 특징 가운데 하나는 2007년 이전까지는 자신을 타이완인이라고 생각하는 사람과 타이완인이자 중국인이라고 생각하는 비율이 거의 비슷하게 40퍼센트 정도씩 차지했지만 갈수록 그 격차가 벌어지고 있다는 점입니다. 자신의 정체성을 타이완인이자 중국인이라고 규정하는 사람은 갈수록 줄어들고, 오직 타이완인이라는 하나의 정체성을 내세우는 사람이 늘어나고 있는 것입니다.

자신을 타이완인이라고 생각하는 사람이 늘어나는데도 타이완 독립을 지지하지 않는 사람이 많은 것은 타이완이 독립을 선언할 경우 중국 대륙과 필연적으로 전쟁을 치러야 하고, 이것이 타이완에 재앙을 가져올 수 있다는 우려 때문입니다. 타이완 사람들은 자신들의 국방력을 신뢰하지 않습니다. 2016년 12월에 타이완 여론조사재단이 실시한 또 다른 설문조사를 보면 타이완 군대가 타이완을 지킬 능력이 있다고 믿느냐는 질문에 66.5퍼센트가 아니라고 답했습니다. 이런 현실적 우려 때문에 타이완 독립 주장에 호응하지 않는 것입니다.

많은 타이완 사람이 중국 대륙과의 통일을 원하지 않고 중국에 대한 호감도 가지고 있지 않지만, 중국과 교류 자체를 반대하는 것은 아닙니다. 2017년 3월 20일에 실시된 여론조사를 보면 타이완 사람 가운데 중국에 호감을 지닌 사람이 44.4퍼센트였고 반감은 47.4퍼센트였습니다. 2013년 9월에 타이완 신문인《연합보(聯合報)》가 실시한 여론조사에서 26퍼센트가 호감을 지니고, 58퍼센트가 반감을 지녔던 것에 비하면 호감도가 올라갔습니다. 그리고 향후 가장 가깝게 지내야 할 국가로 36퍼센트가 중국 대륙을 꼽았습니다. 타이완 사람이 가장 좋아하는 나라는 원래 일본인데, 29퍼센트를 차지한 일본보다 더 높게 나타났습니다. 중국에 반감도 많지만 한편으로는 중국이 타이완에게 중요하다고 생각하는 것입니다.

중국 대륙과의 통일을 반대하면서도 중국과 가장 가깝게 지내야 한다고 생각하는 것은 전쟁을 피하고자 하는 이유도 있지만 경제적 이유 때문이기도 합니다. 타이완 제1의 수출입 대상 국가가 중국입니다. 코트라(KOTRA)의 분석에 따르면 해마다 타이완의 수출 물량 가운데 중국이 25퍼센트 정도를 차지하는데, 실제 중국으로 들어가는 물량이 대부분인 것으로 추산되는 대홍콩 수출 물량을 포함할 경우 40퍼센트까지 늘어납니다. 수입 역시 중국 대륙이 20퍼센트 정도여서 대상국 가운데 1위입니다.[16]

사실 경제 교류 차원만 보면 타이완과 중국 대륙은 이미 통일되었다고 해도 과언이 아닙니다. 타이완과 중국 대륙의 경제 교류는 대륙이 개혁개방 정책을 도입한 뒤 우편·항공·경제 등을 개방하고, 여기에 타이완이 1987년 계엄령을 해제한 뒤 타이완 기업이 중국에 투자하고 대륙 제품을 수입할 수 있도록 허용하면서 활발해졌습니다. 특히 1994년에 중국 대륙에서 타이완 자본과 기술을 유치하기 위해서 타이완 동포 투자 보호법을 제정한 뒤 타이완 기업의 대륙 투자는 빠르게 확대됩니다.

그리고 민진당 집권이 8년 만에 끝나고 2008년부터 2016년까지 이어진 국민당 마잉주(馬英九) 정권 기간에 대륙과의 교류는 더욱 확대됩니다. 직항로가 개설되었을 뿐만 아니라 대륙 사람들이 타이완에 관광을 오고, 유학도 가능해집니다. 특히 이 기간 동안 중국이 일본을 제치고 제2의 세계 경제 대국으로 성장한 반면, 2008년 서구 경제 위기 이후 타이완 경제가 침체에 빠지면서 중국 대륙은 타이완 경제의 구원자로 떠오르게 됩니다. 타이완에 중국 관광객이 넘쳐나는 가운데 관광·숙박업이 호황을 맞고 타이완은 대륙과의 무역에서 잇달아 흑자를 냅니다.

양안 사이의 경제 협력을 확대하기 위한 제도적 조치는 2010년 중국 대륙과 타이완이 '해협양안경제협력기본협정(海峽兩岸經濟合作架構協議, Economic Cooperation Framework Agreement, ECFA)'이라는 자유무역협정을 체결하여 정점에 이릅니다. 상품과 서비스 무역 개방, 양안의 투자 보장, 지식재산권 보호 등에 대한 포괄적인 협정이었습니다.

하지만 타이완과 중국 대륙 경제가 통합되면 될수록 부작용을 우려하는 목소리도 갈수록 커집니다. 타이완 경제가 중국에 종속되어간다고 비판하는 것입니다. 야당인 민진당은 ECFA를 체결하는 국민당 정부를 비판하면서, 이는 타이완 시장을 대륙에 종속시키는 것이고 타이완 주권을 팔아먹는 행위라고 비판했습니다. 이런 민진당에 전통적으로 반중국 정서를 지닌 본성인(本省人)들이 주로 동조했습니다.

본성인이냐 외성인이냐

일반적으로 타이완 사람은 언제 타이완섬에 왔느냐를 경계로 크게 두 개의 그룹으로 나뉩니다. 두 그룹은 통일과 독립에 대한 생각은 물론이고 지지하는 정당과 언어도 다릅니다. 국민당이 공산당에게 패하여 타이완섬으로 이주한 1945~1949년 무렵에 온 사람을 타이완성 밖에서 온 사람들이라고 하여 외성인(外省人)이라고 부르고, 그 이전부터 타이완에 살던 사람을 본성인(本省人)이라고 부릅니다. 물론 본성인도 한족입니다. 주로 중국 남부 푸젠(福建)성과 광둥(廣東) 지역에서 청나라 때 타이완으로 건너온 사람들입니다. 타이완에서는 내성인과 외성인을 타이완을 구성하는 두 개 족군(族群, ethnic group)이라고 부릅니다. 외성인은 타이완 인구의 약 10퍼센트를 차지하는 소수이면서도 경제적·정치적 권력을 독점한 채 타이완을 지배해왔습니다. 그들은 국민당을 지지하며, 타이베이는 임시 수도일 뿐이고 언젠가는 꼭 대륙으로 돌아가겠다고 생각합니다. 국민당이 중심이 된 통일을 꿈꾸는 사람들입니다.

이에 비해 본성인은 국민당과 함께 온 외성인을 정복자로 취급합니다. 같은 한자를 쓰지만 민난어를 주로 쓰는 자신들과 보통화를 쓰는 외성인과는 언어도 다르고 문화도 다르다고 생각합니다. 자신들은 일본 통치를 받으며 잘 살고 있었는데, 외성인이 타이완에 와서 계엄령을 통해 부와 권력을 독점해왔다고 비판합니다. 이들은 민진당을 중심으로 타이완 독립을 지지합니다. 타이완 정치가 극단적인 대립을 보이는 것은 이 두 집단의 대립이 극명하기 때문입니다.

중국 대륙과 교류하는 것을 두고서 국민당과 외성인은 찬성하고 민진당과 본성인은 반대하는 것이 일반적인 흐름입니다. 그런데 중국과 교류가 확대되면서, 특히 2010년에 이른바 ECFA가 체결된 이후부터 이런 구도에 다소 변화가 일어납니다. 중국 대륙과의 교류 확대에 대한 찬반에서 자신이 외성인인지 본성인인지에 따라 입장이 정해지는 전통적 구도가 여전히 유지되면서도 대륙과의 교류가 주는 이익이나 자신이 처한 계급에 따라 통일과 독립에 대한 입장이 달라지는 양상이 나타나기 시작한 것입니다.

22K 세대의 저항

중국 대륙과 경제 교류가 활발해지면서 가장 이익을 본 계층은 타이완의 기업가와 자본가 계층입니다. 이들은 중국 대륙에 투자하면서 막대한 부를 축적합니다. 타이완은 원래 중소기업 위주의 경제체제인데 중국 대륙에 투자하면서 대기업으로 성장하는 사례가 늘어납니다. 원래 민진당을 지지하던 기업인들이 대륙과의 경제교류 확대를 주저하는 민진당에서 이탈하여 국민당을 지지하기 시작한 것은 이런 이유 때문입니다.

그렇다면 불이익을 당한 계층은 누구일까요? 2014년에 타이완을 휩쓴 학생 시위인 '해바라기(太陽花) 학생운동'을 보면 이를 짐작할 수 있습니다. 2014년 3월 17일에 국민당이 주도하던 타이완 입법원이 ECFA의 후속 작업인 '해협양안서비스무역협정(海峽兩眼服務貿易協議)'을 야당의 반대 속에서 30초 만에 기습 통과시키자 18일 새벽 타이완 대학생들이 입법원을 기습하여 24일간 점거하면서 시위를 벌인 것이 이른바 '해바라기 학생운동'입니다. 대학생이 주도했지만 여기에 시민들이 합세하면서 대규모 시위가 이어졌습니다. 이 시위의 주요 주장은 ECFA 등 양안의 경제통합은 타이완의 부유층과 자본가, 권력층의 이익을 위한 것이고 그 혜택이 서민에게는 미치지 못할 뿐만 아니라 타이완의 중하위 계층, 중소기업, 중남부 지역의 민중은 타격을 입게 된다는 것이었습니다.

반중국 시위에서 주목할 점은 대학생들이 주축이 된 것입니다. 우리나라에서는 청년 세대를 '88만 원 세대'라고 부르는데, 타이완에서는 '22K 세대'라고 부릅니다. 타이완 대졸 초임이 2만 2000 (22K)타이완달러(한화 약 80만 원)에 불과하다는 뜻으로, 타이완 정부가 2009년에 대졸자를 고용할 때 기업에 2만 2000타이완달러를 취업 보조금으로 지급한 데서 유래했습니다. 타이완 청년들의 고단한 현실을 반영한 유행어입니다.

점차 벌어지는 세대 격차

2000년 이후 타이완은 가계 실질소득이 점차 줄어들었지만 부동산 가격은 폭등했습니다. 국민당 마잉주 정권이 경기를 부양한다는 이름 아래 재산세와 소득세를 내리고 부동산 증여세와 상속세를 최고 50퍼센트에서 10퍼센트로 내리면서 중국 대륙 등 해외에서 돈을 번 사람들이 부동산에 투자하여 부동산 가격이 폭등한 것입니다. 이런 현실에 가장 절망한 사람들이 타이완 청년들이었습니다. 양안 경제 교류로 자신들이 혜택을 보기는커녕 불이익을 당하고 있다고 생각했고 서비스무역협정을 날치기 통과한 것을 계기로 반중 시위를 벌인 것입니다.

'해바라기 학생운동'은 자신이 본성인인지 외성인인지에 따라 중국 대륙에 다른 태도를 보이던 타이완 사람들의 정체성에 변화를 가져왔습니다. 자신의 계급적 이익의 관점에서 중국에 대한 입장을 정하는 계기가 된 것입니다.[17] 타이완 기업인과 자본가가 중국과 교류를 확대하자고 주장한다면 타이완 청년과 중소기업은 교류 확대에 반대한 것입니다.

타이완 청년들의 경우 타이완이 민주화된 1990년대 이후에 출생하여 민주화와 민진당이 집권 시기에 추진한 반중국 정책 속에서 교육을 받고 성장한 세대여서 다른 세대보다 반중국 정서가 강하다는 점도 여기에 영향을 미쳤습니다.

타이완 청년들의 반중국 정서의 원인을 이들 세대가 성장한 시대 배경 속에서 찾는 대신 중국 자본가나 기업가와 달리 타이완 청년들이 중국 대륙에 가서 취업하거나 창업할 기회를 얻지 못하게 된 상황에서 찾는 시각도 있습니다. 사실 1990년대 후반부터 2010년 이전까지 타이완 젊은 세대 중에는 중국 대륙에 가서 취업하거나 창업하여 성공하겠다는 꿈을 가진 사람이 많았습니다. 많은 타이완 기업가가 그렇게 성공했기 때문입니다. 그런데 2010년 이후에는 그런 꿈을 꾸는 청년이 크게 줄어듭니다.

2015년 11월 《연합보》의 조사에 따르면 20~29세 가운데 중국 대륙에서 취업하기를 바라는 비율은 2010년 49퍼센트에서 2015년에는 32퍼센트로 떨어졌습니다.[18] 이렇게 줄어든 원인을 타이완 청년들이 갖고 있던 기술과 능력의 비교 우위가 사라진 데서 찾습니다. 이전에 타이완 청년 세대는 기술과 능력이 중국 대륙의 같은 세대에 비해 훨씬 좋았기 때문에 중국 대륙에 가면 창업도 쉽고 취업도 쉬웠습니다. 하지만 2010년 이후 중국 대륙에서도 우수한 청년들이 배출되면서 타이완 청년들이 갖고 있던 비교 우위가 사라져 대륙에서 창업하는 것도 어려워지고 타이완 청년을 원하는 중국 대륙 기업도 줄어들었다고 보는 것입니다. 타이완 청년 세대를 포함하여 타이완 사람들에게는 중국과의 교류가 자신에게 경제적 기회와 이익을 주는지의 여부가 중국을 대하는 태도에도 영향을 미치고 있는 것입니다.

'중국 요소'가 타이완 기업가와 노동자에게 각기 다른 까닭

타이완은 본성인과 외성인 사이에 정치적 대립이 극심한 사회입니다. 극심한 대립 구도 속에서 본성인은 타이완 독립을 지지하고 외성인은 통일을 지지했습니다. 이런 갈등 구도는 지금도 여전합니다. 하지만 새로운 흐름도 생기고 있습니다. 대륙과 타이완 경제가 빠르게 통합되면서 그 과정에서 자신이 이익을 보는지 손해를 보는지의 여부에 따라 통일과 독립에 대한 입장이 새롭게 재편되고 있는 것입니다.

원래 민진당의 독립 정책을 지지하던 중소기업인들이 중국 대륙에 진출하여 대기업으로 성장하면서 중국과의 통일을 지지하는 쪽으로 입장이 바뀌고 있습니다. 그런가 하면 원래 국민당의 통일 정책을 지지하던 노동자들이 타이완 기업의 중국 진출로 인해 일자리를 잃게 될까 봐 현상 유지나 독립을 지지하고 있습니다. 타이완 대학생과 청년 세대가 취업난과 생활난 속에서 갈수록 반중국 성향을 갖게 된 추세도 이와 비슷합니다.

타이완에서는 최근 '중국 요소'란 말을 자주 사용합니다. 타이완 정치·경제에 중국 대륙이 미치는 영향을 분석할 때 주로 사용합니다. 그만큼 중국 대륙이 타이완에 미치는 영향이 커졌다는 것을 말해줍니다. 이는 비단 타이완만의 상황이 아닙니다. 우리나라를 비롯한 동아시아 모두에게 해당하는 문제입니다. 타이완과 중국 사이 못지않게 중국과 동아시아 각국이 중국의 부상과 더불어 빠르게 통합되고 있는 현실을 감안할 때 그렇습니다. 동아시아 각국에게 '중국 요소'는 국제 외교 차원의 문제이자 국내 차원의 문제이고, 정치 문제이자 경제 문제이기도 합니다.

물론 우리나라는 타이완과 상황이 다릅니다. 다른 동아시아 국가의 상황도 각각 다릅니다. 하지만 중국이 부상하면서 동아시아 각국에 영향을 미치고 있는 '중국 요소'가 자본가와 기업가에게만 긍정적인 영향을 발휘한 채 동아시아 민중에게는 위기 요소로 작용해서는 안 될 것입니다. 새로운 강자로 부상한 중국의 동아시아 진출이 동아시아 각국 민중의 이익을 해치지 않고, 이들과 상생의 길이 되지 못한다면, 동아시아 사람의 마음은 중국에서 멀어질 수밖에 없습니다.

18

중국화되는 홍콩과
저항하는 사람들

홍콩의 유통기한

홍콩 영화감독 왕자웨이(王家衛)의 대표작 중에 〈중경삼림(重慶森
林)〉이란 작품이 있습니다. 명작입니다. 한 편의 뮤직비디오 같
은 영화입니다. 마마스 앤드 파파스의 노래 〈캘리포니아 드리밍
(California Dreaming)〉이 끝없이 반복됩니다. 노래에서 캘리포니아는
황금빛 낙원입니다. 하지만 영화 속 홍콩은 세기말의 불안이 가득
합니다. 중국에 반환되는 시점인 1997년이 임박한 홍콩을 배경으
로 사랑과 이별을 이야기합니다.

영화에서 애인과 헤어진 사복형사 223호는 여자 친구가 좋아하
던 파인애플 통조림을 사 모읍니다. 통조림 유통기한은 죄다 5월 1
일입니다. 심지어 4월 30일 저녁에도 유통기한이 두 시간밖에 남
지 않은 통조림을 삽니다. 5월 1일은 여자 친구와 헤어진 지 한 달

째 되는 날입니다. 그때까지 그녀가 돌아오지 않으면 잊기로 하고 30일 동안 매일 통조림을 사서 그녀를 기다립니다. 하지만 그녀는 끝내 오지 않습니다. 영영 그를 떠난 것입니다. 결국 혼자서 30개의 통조림을 다 먹습니다. 나중에 그는 이렇게 속으로 말합니다.

"이 세상에 유통기한이 없는 것은 없을까?"
"기억이 통조림에 들어 있다면 유통기한이 영원히 지나지 않을 수는 없을까. 유통기한을 꼭 적어야 한다면 만 년 후로 적어야지."

영화에서 5월 1일은 사랑의 유통기한입니다. 그런데 사랑에만 유통기한이 있는 것이 아니라 홍콩에도 유통기한이 있었습니다. 영국이 홍콩을 통치하는 유통기한이 1997년 7월 1일이었습니다. 223호 형사의 애인처럼 영국은 통치 기한이 만료되어 홍콩을 떠났습니다. 아편전쟁에서 승리한 대가로 1842년부터 155년 동안 홍콩을 식민지로 다스렸던 영국이 떠난 것입니다. 그리고 영화에서 223호 형사가 새로운 여인을 만나듯이 중국이 홍콩에 왔습니다. 홍콩의 새로운 삶이 시작되었습니다. 불안과 기대가 엇갈린 가운데.

그런데 223호 형사의 바람과는 달리 이번에도 유통기한이 있습니다. 영국과 중국은 홍콩 반환 협상을 하면서 중국이 제시한 '일국양제(一國兩制, One Country Two Systems)'에 합의합니다. 한 나라에 사회주의와 자본주의라는 두 가지 체제를 두겠다는 것입니다. 중국으로 귀속되지만 중앙정부에 세금을 내는 것도 아니고 중국 대류 국민과 같은 의무를 지는 것도 아닙니다. 홍콩의 기존 체제를 그대로 보장하겠다는 약속이었습니다. 하지만 기한이 있었습니다. 50년입니다. 2047년까지입니다. 홍콩의 새로운 유통기한입니다.

2017년 7월 1일 홍콩 반환 20주년을 맞아서 홍콩 정부는 대규모 기념식을 치렀습니다. 처음으로 중국 국가주석도 참석했습니다. 하지만 가장 규모가 큰 반중국 시위도 일어났습니다. 홍콩 한쪽에서는 홍콩을 중국과 통합시키는 중국화가 진행되고 있고 다른 한쪽에서는 홍콩을 중국과 분리시키려는 반중국 홍콩 본토화(localization)를 추구하는 이른바 '본토파'의 목소리가 커지고 있습니다. 차를 운전하면서 기사가 핸들을 빠르게 왼쪽으로 돌릴수록 승객들은 빠르게 오른쪽으로 쏠리기 마련입니다. 중국화와 홍콩화 사이에 놓인 지금 홍콩이 그렇습니다. 중국과 교류가 늘어가면서 홍콩이 중국과 통합되어가는 한편 이에 대한 반발도 거세지고 있습니다.

중국에게 홍콩은 어떤 존재인가?

홍콩이 중국에서 분리된 것은 1842년 8월 29일 중국이 영국과 난징조약을 맺었기 때문입니다. 아편전쟁에서 영국에게 패한 대가였습니다. 이때는 홍콩섬만 영국에 빼앗겼습니다. 그 뒤 1860년에는 주룽(九龍) 지역도 넘겨줍니다. 두 지역은 영원히 영국 땅이 되었습니다. 그런데 인구 밀집과 식수 문제 등을 안정적으로 해결하기 위해 영국은 1898년 선전(深圳)과 인접한 신제(新界) 지역을 99년간

빌립니다. 신제 지역은 홍콩 전체 면적에서 약 80퍼센트를 차지합니다. 이 땅의 반환 기일이 바로 1997년이었습니다.

물론 영국은 신제만 반환하면 됩니다. 그런데 왜 홍콩섬과 주룽 반도까지 돌려준 걸까요? 물론 영국도 돌려주기 싫어했습니다. 하지만 방법이 없었습니다. 원래 영국이 아편을 수출하는 것을 청나라가 막으면서 일어난 부도덕한 전쟁으로 빼앗은 땅인 데다 신제 없이는 홍콩이 자립하기 어려운 약점도 있었습니다. 그뿐만 아니라 중국이 돌려주지 않으면 전쟁도 불사하겠다고 엄포를 놓았습니다. 결국 1997년 7월 1일 영국은 모든 지역을 돌려주게 됩니다. 중국 입장에서는 150여 년 만에 빼앗긴 땅을 다시 찾은 겁니다.

중국에게 홍콩은 어떤 의미일까요? 1840년부터 사회주의 정부가 수립되는 1949년까지 이른바 '치욕의 근대 100년'에서 홍콩은 그 치욕의 상징입니다. 중국에서 홍콩의 대륙 귀속을 두고 흔히 "홍콩이 마침내 조국의 품으로 돌아왔다."고 말하는 것은 이런 맥락입니다. 시진핑도 홍콩 반환 20주년 기념 연설에서 이 점을 강조했습니다. 그는 아편전쟁 당시 "봉건통치 세력이 부패하고 국력이 약해서 나라가 심한 고난을 겪었다."면서 이로 인해 홍콩과 주룽, 신제가 "그 시절 강요에 의해 조국의 품을 떠났다."고 회고했습니다. 이어 시진핑은 "20년 전 홍콩이 조국의 품으로 돌아왔고, 민족이 겪은 100년 동안의 치욕을 씻고 조국의 완전한 통일을 실현하는 중요한 첫걸음을 이루었다."고 말했습니다. 이 말에 따르면 홍콩을 되찾은 것은 마치 힘이 없어서 남에게 빼앗겼던 자식이 다시 부모의 품에 돌아온 것과 같습니다.

중국은 이렇게 홍콩과 중국이 한 뿌리이고 홍콩이 원래 중국의 일부였음을 강조하지만, 중국도 알고 있습니다. 원래는 한 가족이 었지만 오랫동안 떨어져 있다 보니 가족 사이의 정이 사라지고 남 남처럼 되었다는 것을. 홍콩 사람들이 오랫동안 영국 식민지에 살면서 자신이 중국인이고, 중국이 조국이며, 홍콩이 중국의 일부라는 의식이 옅어진 것을 알고 있고 이를 크게 우려하고 있습니다.

그래서 중국은 홍콩을 되찾고 나서 홍콩인에게 중국인이라는 정체성을 심고 중국을 조국으로 여기게 하려는 애국주의 교육을 실시합니다. 2004년 10월 1일 국경절에는 처음으로 홍콩 텔레비전에 중국 국가가 방송되었습니다. 그리고 중국 대륙의 표준어인 보통화 교육과 중국 역사 교육 등, 이른바 애국주의 교육을 강화하려고도 합니다. 홍콩인의 언어와 마음, 정체성을 중국 대륙과 통합시키려는 것입니다. 일국양제 정책에 따라 경제체제는 자본주의 체제를 보장하지만, 홍콩인의 정체성에서는 '일국' 의식을 강화하려는 조치입니다. 시진핑은 이렇게 말합니다. 일국양제에서 "일국은 뿌리다. 뿌리가 깊어야 잎이 무성할 수 있다. 일국이 근본이고 근본이 튼튼해야 가지가 번성한다."

빠르게 진행되는 홍콩의 중국화

그런데 이런 중국 정부의 노력이 효과를 보지 못하고 있습니다. 2012년 중국 정부가 홍콩 학생들에게 중국인이라는 정체성을 심어주는 '애국 교육'을 시도하자 이를 '세뇌 교육'이라면서 반대하는 운동이 크게 일어납니다. 결국 중국 정부는 이를 철회했습니다. 중국은 홍콩인에게, 특히 홍콩 학생에게 어떻게든 중국 정체성을 교육하려고 하지만 홍콩인은 호응하지 않고 있습니다. 홍콩 학생에게 중국인이라는 의식을 심어주려는 교육 현장에서 일어난 해프닝을 하나 볼까요?

> "학생 여러분, 홍콩은 아기이고 중국은 엄마예요. 아기는 엄마 품으로 돌아와야 하죠? 그래서 홍콩은 중국이라는 나라 속으로 돌아온 거예요. 여러분에게는 이제 나라가 생겼어요. 그러니 그 나라를 사랑해야 해요." (유치원에서 중국 국가를 틀었더니 아이들이 모두 낯설어하며 크게 웃자) "여러분, 국가를 들을 땐 그렇게 하는 거 아니에요. 다들 일어나서 진지하게 들어야 해요."[19]

홍콩인에게 국민이라는 정체성은 낯선 것입니다. 영국 식민 시절을 겪은 홍콩 학생들에게는 중국 국가를 부르고 국기 앞에서 부동자세를 취하고 오성홍기를 그리는 것이 낯설 수밖에 없습니다.

홍콩인에게 중국인이라는 정체성을 심으려는 중국의 정책은 반발을 사며 제대로 추진되고 있지 않지만, 그럼에도 홍콩의 중국화는 빠르게 진행되고 있습니다. 무엇보다 중국 대륙과 인적 교류가 늘어나고 있습니다. 홍콩을 방문하는 중국 대륙 관광객은 반환 이후 약 4배가 늘었습니다. 경제도 빠르게 통합되고 있습니다. 중국과 홍콩은 2003년에 일종의 자유무역협정인 경제긴밀화협정(Closer Economic Partnership Arrangement, CEPA)을 체결한 이후 아홉 번에 걸친 보충협정 체결을 통해 경제 협력의 범위를 확대시켜왔습니다. 2006년부터는 홍콩이 원산지인 상품에는 관세를 부과하지 않았습니다. 또한 법률·회계·금융·영화·관광·건설·유통·운수업 등 10개 서비스 분야 23개 업종에 대해 홍콩 소재 기업의 중국 투자 규제가 철폐되었습니다. 이로 인해 반환 직후 침체되었던 홍콩 경기가 활기를 띠기 시작합니다. 수교 이후 중국 대륙과 홍콩의 교역은 245퍼센트 증가했습니다.[20]

보통화도 홍콩에서 약진하고 있습니다. 홍콩에서 사용하는 언어를 두고 흔히 '양문삼어(兩文三語)'라고 말합니다. 중문과 영어 두 가지 글을 사용하고, 영어·광둥어·보통어 세 가지 말을 쓴다는 뜻입니다. 물론 홍콩인 가운데 80퍼센트가량은 기본적으로 광둥어를 사용합니다. 그런데 이제 보통화를 쓰는 사람이 빠르게 늘고 있습니다. 최근에 홍콩 관광을 가본 사람은 실감했을 것입니다. 인민폐를 자유롭게 사용할 수 있을 뿐만 아니라 주요 관광지나 식당, 쇼핑몰에서는 불편 없이 보통화로 이야기할 수 있습니다. 대륙 관광객이 그만큼 늘었다는 뜻입니다. 홍콩 반환 이후 광둥어와 보통화 사이에 존재하던 위계가 뒤바뀔 정도로 보통화가 약진하고 있습니다. 아직도 학교에서는 영어와 광둥어 위주로 교육이 진행되지만, 학교 밖에서는 보통화를 많이 씁니다. 대륙인과 거래하거나 대륙에 가서 취업하기 위해 보통화를 배우는 홍콩인도 늘어나고 있습니다.

홍콩 반환 이전에는 홍콩에서 보통화를 쓰면 대륙 사람이라면서 무시를 당했습니다. 홍콩에서는 되도록 영어를 써야 대접을 받았습니다. 홍콩에서 영어를 한다는 것은 상류층이라는 증표였지만 보통화를 쓰면 더럽고 뒤떨어진 대륙에서 온 사람이라고 경멸받았습니다. 영화 〈첨밀밀(甛蜜蜜)〉에서도 그런 장면이 나옵니다. 돈을 벌기 위해 홍콩에 온 리차오(李翹)가 아직 홍콩에 적응하지 못한 리샤오쥔(黎小軍)에게 홍콩에서는 보통화를 쓰지 말고 광둥어를 쓰라고 한 것은 이 때문입니다.

그런데 2015년에 홍콩에서 개봉된 〈10년(Ten Years)〉이란 영화는 홍콩에서 보통화가 약진하는 가운데 홍콩이 직면하게 될 미래의 위기를 암울하게 그립니다. 나날이 중국화되어가는 홍콩의 10년 후 미래를 보여주는 영화로, 다섯 개의 에피소드 가운데 '방언(方言)'이라는 에피소드는 보통화를 할 줄 모르는 홍콩 택시운전사가 직면하는 곤혹을 다루고 있습니다. 홍콩 정부가 공항 등 특정 장소를 제외하고는 광둥어 사용을 금지시키고 보통어가 공용어가 되면서 택시 영업이 위기에 처하게 되는 내용입니다.

대륙에 종속되고 싶지 않은 홍콩인

홍콩이 중국 대륙과 통합될수록 홍콩다움을 잃고 중국에 종속되는 것이라며 반대하는 목소리가 늘어나고 있습니다. 홍콩의 중국화에 대한 역작용입니다. 2014년에 일어난 '노란 우산 혁명'이 대표적입니다. 홍콩 행정을 책임지는 행정 장관을 중국 정부가 지정한 후보 중에서 간선하도록 법을 개정하자 이에 반발하여 직선을 요구한 것입니다. 노란 우산 혁명은 성공하지 못했지만 이 운동을 주도한 사람들의 목소리는 갈수록 거세지고 있습니다. 홍콩이 한 번도 중화인민공화국에 속해 있던 적이 없다면서 홍콩이 중국에 반환되는 것 자체에 문제를 제기하기도 하고 홍콩 독립을 요구하기도 합니다.

자신을 홍콩인이라고 생각하는 사람도 과거보다 조금 늘었습니다. 홍콩 반환 20주년을 앞둔 2017년 6월 25일에 홍콩 대학교 여론조사 기구에서 실시한 조사를 보면 자신을 중국인이라고 생각하는 사람(20.9퍼센트)보다는 홍콩인이라고 생각하는 사람(37.3퍼센트)이 더 많습니다. 중국의 홍콩인(Hongkonger in China)이라고 생각하는 사람이 26퍼센트, 홍콩의 중국인(Chinese in Hong Kong)이라고 생각하는 사람은 14퍼센트였고 혼합 정체성(Mixed Identity)을 택한 사람이 40퍼센트였습니다.[21]

홍콩이 대륙에 반환된 1997년 이후 자신이 홍콩인이라고 생각하는 사람의 비율이 가장 낮았던 때는 베이징 올림픽이 열리기 직전인 2008년 6월에 실시된 여론조사에서였는데, 18.1퍼센트였습니다. 이때 자신을 중국인이라고 생각하는 사람의 비율은 38퍼센트로 최고였습니다. 반환 이후 해마다 실시된 여론조사 추이를 보면 20퍼센트에서 40퍼센트 사이에서 두 정체성이 시소게임을 하고 있습니다. 2010년 이후에는 홍콩인이라는 정체성 비율이 40퍼센트 전후에서 형성되고 있습니다. 그만큼 반중 정서가 높아졌다고 볼 수 있습니다.

그렇다고 대다수 홍콩인이 홍콩 독립을 지지하는 것은 아닙니다. 여러 여론조사를 보면 통상 15퍼센트가량이 홍콩 독립을 지지

합니다. 홍콩 사람 대다수는 현상 유지를 원합니다. 홍콩 전문가인 장정아 교수에 따르면, 2017년 3월에 있었던 행정 장관 선거에서 홍콩인에게 가장 큰 지지를 받은 사람은 중도적 이미지의 존 창(曾俊華)이었습니다. 그런데 존 창은 한 번도 중국에 반대한다는 말을 한 적이 없는 인물입니다. 이는 지금 홍콩에서 반중국 홍콩 독립을 주장하는 목소리가 높아지고 있기는 하지만, 홍콩 독립 지지자들이 크게 많아진 것은 아니라는 점, 그래서 우리가 홍콩을 "반중 정서와 독립 요구만 부각시켜 바라보는 것은 지극히 표면적인 시각에 불과하다."는 것을 말해줍니다.[22]

그렇다면 반중국 대륙을 주장하고 홍콩 본토주의, 나아가서 홍콩 독립을 주장하는 대표적인 홍콩인은 누구일까요? 가장 앞장서고 있는 사람은 우익 홍콩 본토파입니다. 이들에게 중국은 공산당의 중국일 뿐이고 중국과 어떤 연관도 거부합니다. 민족이나 동포 차원의 연관을 모두 거부하면서 중국과 중국인을 비하하기도 합니다. 홍콩에는 중국 대륙 사람을 비하하는 감정이 매우 뿌리 깊습니다. 중국 대륙 사람은 더럽고 공중도덕을 지키지 않으며 부패하고 시끄럽다는 등의 이미지로 봅니다. 홍콩인들은 중국 대륙 사람을 비하하는 의미로 메뚜기에 비유하곤 합니다. 메뚜기 떼처럼 몰려와서 홍콩을 황폐하게 만든다는 것입니다.

홍콩인은 영국 통치 시절부터 서구 앞에서는 신비로운 중국이라는 이미지로 자기 정체성을 내세우고 중국 대륙 앞에서는 문명화된 서구라는 정체성을 내세우곤 했습니다. '문명화된 홍콩 대 야만적이고 독재 체제인 중국 대륙'이라는 이분법을 토대로 중국

대륙 사람들을 비하하고 혐오하는 것입니다. 물론 이런 홍콩인의
정서를 두고 중국 대륙 사람들은 식민지 근성이라고 비판하지만,
자신을 중국 대륙보다 우월한 위치에 두고서 중국 대륙을 비하하
는 것은 홍콩 사람들의 뿌리 깊은 정서입니다.

그런데 이런 우월감이 최근에 무너지고 있습니다. 홍콩의 경제
규모는 2003년부터 광둥성에 추월당했습니다. 홍콩 사람들의 자
존심이 크게 상한 것입니다. 경제 규모로 보면 홍콩은 이제 중국에
서 가운데 중간 정도 규모밖에 되지 않습니다.

홍콩 청년 세대의 반감

홍콩 대학생들도 반중국 운동의 선봉에 서 있습니다. 홍콩 독립을
주장하는 가장 과격한 목소리를 내는 사람들입니다. 대학생을 비
롯해 청년 세대는 홍콩 독립을 지지하는 비율이 가장 높습니다. 자
신을 홍콩인이라고 생각하는 비율도 다른 연령층에 비해 높습니
다. 홍콩 청년 세대가 반중국 정서를 지니게 된 데에는 민주주의에
대한 신념, 대륙에 대한 비하 의식과 적대감 등과 더불어 경제적인
이유도 크게 작용하고 있습니다. 타이완 청년 세대가 반중국 정서
를 지니게 된 것과 유사합니다.

홍콩은 반환 이후 20년 동안 GDP가 두 배 가까이 높아졌습니
다. 하지만 양극화는 더욱 심해졌습니다. 2016년 홍콩의 지니계수
는 0.539를 기록해 지니계수를 내기 시작하고 46년 만에 최고치를
기록했습니다. 그만큼 소득 불평등이 심해졌습니다. 중국과 경제

가 통합되면서 친중국 기업과 자본가는 혜택을 보고 있지만 기층이 무너지고 있는 것입니다. 가계 부채도 10년 사이에 두 배로 늘었습니다. 2010년 이후 중국 경제가 저성장 기조를 유지하면서 그 여파가 홍콩에 미친 때문입니다.

부동산도 유례없이 폭등했습니다. 홍콩은 원래 집값이 비싸지만 최근 몇 년 사이에 사상 최고치를 기록하고 있습니다. 2003년부터 2015년 사이에 네 배가 올랐고, 2016년 이후에도 15퍼센트가 올랐습니다. 주룽반도의 경우 36제곱미터 아파트가 우리 돈으로 약 7억 2000만 원 정도입니다. 이 지역 소형 아파트는 홍콩 반환 이후 20년 동안에 112.4퍼센트가 올랐습니다. 청년 세대가 집을 사기란 애초에 불가능해졌습니다.

더구나 지금 홍콩 대학생은 최악의 실업난에 직면해 있습니다. 취업 시장이 얼어붙었습니다. 이를 반영하듯 2016년 기준으로 대학생이 받기를 희망하는 월급은 최근 8년 만에 최저치를 기록했습니다. 중국 대륙으로 가서 취업할 수 있는 길도 과거보다 줄었습니다. 중국 대륙 대학생에 비해 특별한 경쟁력을 지닌 것도 아니기 때문입니다. 홍콩 청년 세대는 이렇게 부동산 가격이 치솟고 취업난에 직면한 것이 중국 요인 때문이라고 생각합니다. 이들에게 홍콩의 중국화는 취업난이나 실업을 의미합니다. 홍콩 청년들은 중국 특수의 소외자들입니다.

홍콩을 바라보는 몇 가지 관점

중국이 부상하고 동아시아 각 지역과 국가가 중국과 경제 교류를 확대하면서 이를 통해 이익을 보는 사람들과 손해를 보는 사람들이 나타나고 있습니다. 그런데 공교롭게도 타이완과 홍콩에서는 젊은 세대가 피해를 입고 있습니다. 물론 지금 청년 세대가 취업난을 겪는 이유가 중국 요소만은 아닙니다. 자본의 탓이 큽니다. 그래서 일부 진보 학자들은 타이완과 홍콩의 청년 세대가 문제의 본질을 잘못 보고 있다고 비판하기도 합니다. 자신들의 문제를 자본이나 계급 차원에서 보는 것이 아니라 '중국 대륙 대 홍콩'이나 '중국 대륙 대 타이완'이라는 이분법적 대립 구도를 바탕으로 종족이나 민족 문제 차원에서 본다는 것입니다. 반중국이라는 프레임에 갇혀서 진정한 원인인 자본의 문제를 보지 못하고 있다고 비판하는 것입니다.

이런 지적을 중국이 진출하는 동아시아 전체에 적용해볼 필요가 있습니다. 중국인과 중국 자본이 동아시아에 진출하는 것이 대기업과 자본가에게는 이익이 되지만, 동아시아의 계급 구조를 악화시키고 양극화를 불러오며 특히 동아시아 청년 세대의 삶을 황폐하게 만드는 계기가 되는 것은 우려할 상황입니다. 중국인과 중국 자본이 동아시아에서 신자유주의 첨병 노릇을 하는 것을 경계할 필요가 있는 것입니다. 이른바 '차이나 임팩트(China Impact)'가 동아시아 전반에 영향을 미치고 있는 지금, 홍콩과 타이완이 직면하고 있는 상황을 동아시아 모두의 과제로 삼아서 고민할 필요가 있습니다.

홍콩이 빠르게 중국화되고 있기는 하지만 한편에서는 여기에

반발해 홍콩 독립을 주장하고 있습니다. 지금 홍콩의 상황을 우리
는 어떻게 볼 수 있을까요? 먼저 반중국과 홍콩 독립이라는 차원
에서 볼 수 있을 것입니다. 세계가 홍콩 문제를 바라보는 시각은
중국을 바라보는 시각과 연결되어 있는 경우가 많습니다. 이 경우
가 바로 그렇습니다. 중국에 비판적인 시각을 바탕으로, 홍콩이 갈
수록 중국에 통합되는 흐름을 중국 식민지가 되는 과정으로 보고
홍콩의 독립 주장을 지지할 수 있습니다. 여기에는 반중국적 시각
과 중국 민주화에 대한 바람이 결합되어 있습니다. 기본적으로 공
산당이 통치하는 국가인 중국을 혐오하는 우파 관점과 중국 민주
화를 지지하는 좌파 관점이 혼합되어 있습니다. 서구나 우리 언론
의 경우, 진보와 보수를 막론하고 대부분 이 입장에 서 있습니다.

두 번째는 민족주의 차원입니다. 이 경우 홍콩의 반환을 동아시
아 식민 시대의 종결이라는 차원에서 보고, 영국의 식민 통치에 대
해서는 무감각한 채 중국으로 반환된 것을 거부하는 홍콩인의 주
장을 비판적으로 볼 수 있습니다. 독립을 주장하는 홍콩인을 민족
의식과 국가 의식도 없고 역사의식도 없으며, 식민성에 젖어 있다
고 비판합니다. 민족국가의 수립을 이상으로 생각하는 민족주의
관점입니다.

그런데 다른 시각을 고민해볼 필요도 있습니다. 홍콩에서는 지
금 '일국양제'라는 독특한 실험이 진행 중입니다. 한 국가 안에 서
로 다른 체제가 공존하는 복합국가 체제의 실험이라는 차원에서
그 추이를 유심히 지켜볼 필요가 있습니다. 이 실험이 결국 '일국'
으로 수렴되는 과도기적 조치로 끝날지, 아니면 일국양제가 장기

간 지속되면서 근대 민족국가 모델을 넘어선 새로운 실험이 될지, 그 성패 여부 차원에서 볼 필요가 있습니다. 이는 중국이 앞으로 어떤 제국이 될지 가늠할 수 있는 시금석이기도 합니다. 개인적으로는 홍콩이 명실상부한 일국양제가 실시되는 가운데 유통기한이 없는 홍콩으로 남길 기대합니다. 일국양제 속의 홍콩은 남북통일의 과제를 지닌 우리로서는 관심을 가질 수밖에 없습니다. 참고할 역사적 경험을 제공하고 있기 때문입니다.

본문의 주

1부 중국은 어디로 갈까?

1   쑨원 지음, 김승일 외 옮김, 《삼민주의》, 범우사, 2000, 41쪽.

2   거자오광 지음, 이등연 외 옮김, 《중국사상사》2, 일빛, 2015, 851~881쪽 참조.

3   마틴 자크 지음, 안세민 옮김, 《중국이 세계를 지배하면》, 부키, 2009, 27쪽.

4   루쉰 지음, 루쉰전집번역위원회 옮김, 《무덤/열풍》, 그린비, 2010, 82쪽.

5   毛澤東,〈中國人民站起來了〉,《毛澤東選集》5卷, 人民出版社, 1977, 5쪽.

6   모택동,〈베순을 기념하며〉,《모택동선집》2권, 민족출판사, 1992, 834쪽.

7   우밍 지음, 송삼현 옮김, 《시진핑 평전》, 지식의숲, 2012, 79쪽.

8   김경일, 바다출판사, 1999.

9   위화 지음, 이욱연 옮김, 《우리는 거대한 차이 속에 살고 있다》, 문학동네, 2016, 234쪽.

10 공가점이라는 말은 공자와 유교 사상 전반을 가리키는 말이다. 중국 근대 초기에 후스(胡適)가 처음으로 이 말을 썼고, 이후 공자와 유교를 비판할 때 주로 사용되었다.

11 공자의 아버지에게는 전처에게서 태어난 딸 아홉 명과 후처에게서 태어난 장애인 아들이 한 명 있었다. 그의 아버지가 64세에 채 20세가 안 된 어린 여자와 이른바 야합을 통해 낳은 아들이 공자다. 결국 공자는 둘째 아들인 셈이다. 문혁이 일어나던 당시에 공자를 비판하는 홍위병이나 지식인들은 공자가 성인이 아니라고 경멸하면서 '공가네 둘째 아들(孔老二)'이라고 불렀다.

12 劉亞偉,〈1966: 火燒孔家店〉,《時代教育》, 2010年 2期, 24~25쪽.

13 宋一平,〈毛澤東對孔子的態度及其轉變〉,《黨史文苑》, 1994年 4期, 14~16쪽.

14 〈1966, 孔家店劫難〉,《晩晴》, 2013年 3期, 20쪽.

15 린뱌오는 마오쩌둥의 혁명 동지이자 공식 후계자였다. 하지만 미국과의 수교, 문
    혁 때 비판당한 당 지도자의 복귀와 문혁으로 마비된 중국공산당의 재건을 주장
    하는 마오쩌둥, 저우언라이(周恩來)와 린뱌오가 노선 투쟁을 벌였다. 1971년 9월
    13일 중국공산당은 린뱌오가 마오쩌둥 암살을 기도하다가 실패한 뒤 제트기를
    타고 소련으로 도망가던 도중 몽골에서 추락하여 가족과 함께 전원이 사망했다
    고 발표했다.

16 모리스 마이스너 지음, 김수영 옮김,《마오의 중국과 그 이후》2, 이산, 2010, 559쪽.

17 김승욱, 〈공자 비판의 정치학〉,《공자, 현대 중국을 가로지르다》, 새물결, 2006,
    234쪽.

18 사마천의《사기》〈공자세가(孔子世家)〉에 나오는 말로, 공자를 찾고 있던 공자의
    제자에게 지나가던 사람이 공자의 초라한 행색을 묘사하면서 한 말.

19 권기영,《마르크스와 공자의 화해》, 푸른숲, 2016, 39쪽.

20 2014년 2월 24일 중국공산당 중앙정치국 13차 집단학습.

21 박경석, 〈공자탄신기념과 문화민족주의〉,《공자 현대 중국을 가로지르다》, 새물
    결, 2006, 177~180쪽.

22 제목이 〈논어심득(論語心得)〉으로, 국내 텔레비전에서도 전 강좌가 방영되었고 해
    당 도서도 번역되었다.

23 《논어》〈이인(里仁)〉.

24 조경란, "차이나 인사이트: 중국공산당은 중국공자당이 될 것인가",《중앙일보》,
    2016. 09. 07.

25 하버드대학 중국연구소 지음, 이은주 옮김,《하버드대학 중국 특강》, 미래의창,
    2018, 16쪽.

26 헨리 키신저 지음, 권기대 옮김,《헨리 키신저의 중국 이야기》, 민음사, 2012, 47쪽.

2부 중국인은 누구일까?

1 페이샤오퉁 지음, 장영석 옮김,《중국 사회문화의 원형—향토중국》, 비봉출판사,

2013, 50~65쪽 참조.

2   첸리췬 지음, 연광석 옮김, 《모택동 시대와 포스트 모택동 시대 1949~2009》 상, 한
    울, 2012, 228~232쪽.

3   Ezra F. Vogel, From Friendship to Comradeship: The Change in Personal Relations
    in Communist China, *China Quarterly*, No. 21, pp. 46~60 참조.

4   거넥 베인스 지음, 이미소 옮김, 《컬처 DNA》, 시그마북스, 2017, 346~349쪽.

5   산자이 관련 내용은 부분적으로 졸저, 《이만큼 가까운 중국》, 창비, 2016,
    153~158쪽의 내용과 겹친다.

6   산자이 문화 현상에 대한 이러한 해석의 대표적인 연구는 焦若水, 〈反抗符號: 山
    寨消費與消費政治〉, 《蘭州大學學報》, 社會科學版, 2014年 1期 참조.

7   위화 지음, 김태성 옮김, 《사람의 목소리는 빛보다 멀리 간다》, 문학동네, 2012,
    307쪽.

8   통상 정협이라고 약칭한다. 중국공산당을 비롯해 각 정당, 사회단체, 소수민족,
    화교 등의 각계 대표로 구성되는 조직이다. 국회에 해당하는 전국인민대표대회
    와 양축을 이루고 있다.

9   산자이에 대한 니핑과 저커버그의 비판적 시각은 이중희, 〈중국의 산자이 열풍,
    어떻게 볼 것인가?〉, 《한국사회학회 사회학대회 논문집》, 2009, 532~533쪽에서
    인용함. 원문 중국어 제목은 〈整個中國就是一個山寨〉. 저커버그의 원문은 아래
    참조. 〈http://www.360doc.com/content/09/0216/10/43201_2557826.shtml〉

10 "中國山寨文化如何猖獗?", 《FT 中文網》, 2012. 08. 30.

11 요시자와 세이치로 지음, 정지호 옮김, 《애국주의의 형성》, 논형, 2006, 95쪽.

12 위와 같음.

13 김희교, 〈미국상품불매운동과 미국의 대중국정책〉, 《동양사학연구》 57집, 1997,
    163쪽에서 인용함.

14 趙東陽, 《消費領域中的民族主義》, 福建師範大學碩士論文, 2011, 1쪽.

15 이 시기 애국주의 교육에 대해서는 〈애국주의 교육: 중국현대를 읽는 키워드
    100〉, 《네이버 지식백과》 참조.

16 장호준·고영희, 〈글로벌 히든챔피언 스마일게이트의 성공요인 분석: 크로스파이
    어를 중심으로〉, 《전문경영인연구》 18권 2호(통권 421호), 2015년 8월, 15~33쪽 참

조. 크로스파이어의 현지화를 통한 성공에 대한 분석은 이 연구의 관점을 따랐음.

17   SBS 스페셜 〈중국, 부의 비밀〉, 2015년 1월 인터뷰.

18   여기서 언급된 각종 통계는 모두 퓨연구센터의 '전 세계 사고방식과 동향(Global Attitudes & Trends)' 조사 결과에 의거했음.

19   錢理群, "我們這一代人的世界想像", 〈http://www.aisixiang.com/data/66036.html〉

20   Yongnian Zheng, *Discovering Chinese Nationalism in China*, Cambridge Univ. Press, 1999, p. 3. 및 〈번지는 중국 공포증〉, 《뉴스위크》(한국판), 1995. 07. 19., 14쪽 참조.

21   Francis Fukuyama, "America: the Failed State", *Prospect Magazine*, January 2017. 〈http://www.prospectmagazine.co.uk/magazine/america-the-failed-state-donald-trump〉

22   남태현, 《왜 정치는 우리를 배신하는가》, 창비, 2014, 88쪽.

23   이종화·장윤미, 《열린 중국학 강의》, 신아사, 2017, 143쪽.

24   중국에서 나오고 있는 다양한 입장의 민주화 주장에 대해서는 이희옥·장윤미 책임편집, 《중국의 민주주의는 어떻게 가능한가》, 성균관대학교출판부, 2013 참조.

25   중국 사회에서 진행된 정치 개혁, 사회 개혁 논의를 바탕으로 한 예측에 대해서는 조영남, 《중국의 꿈》, 민음사, 2013, 58~81쪽 참조.

26   남태현, 앞의 책, 72~76쪽.

27   마크 레너드 지음, 장영희 옮김, 백영서 감수, 《중국은 무엇을 생각하는가》, 돌베개, 2011, 124~125쪽.

28   이길성, "인기투표가 되면 망한다", 《조선일보》, 2017. 01. 27.

29   옌이룽 외 지음, 성균중국연구소 옮김, 《중국공산당을 개혁하라》, 성균관대학교출판부, 2015, 31쪽.

30   위와 같음.

31   쉬줘윈 지음, 정경일 옮김, 《CEO를 위한 중국사 강의》, 김영사, 2008, 141쪽.

32   판웨이 지음, 김갑수 옮김, 《중국이라는 새로운 국가모델론》, 에버리치홀딩스, 2010, 73쪽.

33   《論語》〈衛靈公〉.

34 판웨이 지음, 앞의 책, 72쪽.

35 姚洋, 〈中性政府: 對轉型期中國經濟成功的一個解釋〉, 《經濟評論》, 2009年 3期.

36 조영남, 《중국의 꿈》, 민음사, 2013, 73쪽.

37 위와 같음.

38 옌이룽 외 지음, 앞의 책, 29쪽.

39 판웨이 지음, 앞의 책, 112쪽.

40 마크 레너드 지음, 앞의 책, 113쪽.

41 판웨이 지음, 성균중국연구소 옮김, 〈인민을 신앙함〉, 《중국공산당을 개혁하라》, 성균관대학교출판부, 2015, 272쪽.

3부 중국 사회는 무엇을 고민할까?

1 崔瀚允, 〈當代靑年男女平等觀念的調研與思考〉, 《山東省團校學報》, 2014年 5期, 16쪽.

2 루쉰 지음, 이욱연 옮김, 〈노라는 집을 나간 뒤 어떻게 되었는가(娜拉走後怎樣)〉, 《아침꽃을 저녁에 줍다》, 예문, 2003, 54~67쪽 참조.

3 劉維芳, 〈新中國婦女地位的歷史居變〉, 《當代中國史研究》, 2010年 9月(第17卷 5期), 43쪽 참조.

4 李黙編著, 《百年家庭變遷》, 江蘇美術出版社, 2000, 120~122쪽.

5 毛澤東, 《建國以來毛澤東文稿》9册, 中央文獻出版社, 1997, 434쪽.

6 "毛主席劉主席暢談十三陵水庫", 《人民日報》, 1965. 05. 27.

7 이하 개혁개방 이후 여성 귀가 논의에 대한 정리는 那瑛, 《離家與回家-中國婦女解放與現代民族國家的建構》, 吉林大學博士論文, 2008년 5월에 기본적으로 의거했다.

8 오구마 에이지 지음, 전형배 옮김, 《사회를 바꾸려면》, 동아시아, 2014, 20쪽.

9 李若建, 〈留守與退場: 中國大媽的人口學分析〉, 《中山大學學報(社會科學刊)》, 2015年 5期, 150~152쪽 및 宋丹丹, 〈漢語親屬稱謂語的社會化應用-以大媽爲例〉, 上

海大學碩士論文, 2015年 5月, 19~26쪽 참조.

10 宮春子·趙燕, 〈數說中國大媽〉, 《中國統計》2015年 9月, 51~52쪽.

11 李若建, 〈留守與退場: 中國大媽的人口學分析〉, 《中山大學學報(社會科學判)》, 2015年 5期, 152쪽.

12 侯勝川·宋梁, 〈廣場舞事件所折射出的社會問題探析〉, 《南京體育學學報》, 第29卷 第2期(2015年 4月), 45쪽.

13 Zheng Wang, *Never Forget National Humiliation*, Columbia UP, 2014, p. 157.

14 "臺灣民眾統獨立場趨勢分佈(1994年 12月~2016年 12月)", 〈http://esc.nccu.edu.tw/course/news.php?Sn=167〉

15 https://www.tpof.org

16 정진우, 〈대만 대선, 양안경제에는 어떤 영향 있나〉, 코트라 보고서, 2016.

17 해바라기 학생운동을 타이완의 족군 갈등과 경제 갈등의 결합이라는 측면에서 본 관점에 대해서는 김민환·정현욱, 〈'양안서비스무역협정'의 쟁점과 대만 사회 갈등구조 변화〉, 《아태연구》21권 3호, 2014, 5~35쪽 참조.

18 쉬진위, 〈양안은 화해할 수 있을까?〉, 《역사비평》114, 2016년 봄호, 181쪽.

19 장정아, 〈본토라는 유령―토착주의를 넘어선 홍콩 정체성의 가능성〉, 《동향과전망》98, 박영률출판사, 2016, 가을·겨울호, 201쪽에서 재인용.

20 홍콩 경제 관련 수치는 오광진, "홍콩 중국 회귀 20년에 비친 한중 수교 25년의 그늘", 《조선일보》, 2017. 06. 30., 〈http://biz.chosun.com/site/data/html_dir/2017/06/30/2017063001616.html〉에서 인용.

21 https://www.hkupop.hku.hk/chinese/popexpress/ethnic/index.html

22 장정아, "중국·홍콩, 20년간 '동상이몽' … '일국양제' 실험은 아직도 진행형", 《아주경제》, 2017. 06. 29., 〈http://www.ajunews.com/view/20170629060742943〉

이욱연의 중국 수업

현대 중국의 진심을 알고 싶은 당신을 위한 맞춤형 특강

1판 1쇄 발행일 2018년 11월 26일
1판 3쇄 발행일 2023년 5월 1일

지은이 이욱연

발행인 김학원
발행처 (주)휴머니스트출판그룹
출판등록 제313-2007-000007호(2007년 1월 5일)
주소 (03991) 서울시 마포구 동교로23길 76(연남동)
전화 02-335-4422 **팩스** 02-334-3427
저자·독자 서비스 humanist@humanistbooks.com
홈페이지 www.humanistbooks.com
유튜브 youtube.com/user/humanistma **포스트** post.naver.com/hmcv
페이스북 facebook.com/hmcv2001 **인스타그램** @humanist_insta

편집주간 황서현 **기획** 박상경 **편집** 김선경 임미영 **디자인** 유주현
조판 홍영사 **용지** 화인페이퍼 **인쇄** 청아디앤피 **제본** 민성사

ⓒ 이욱연, 2018

ISBN 979-11-6080-179-8 03910